W0187715

Der Kurzvortrag
im Assessorexamen
Arbeitsrecht

Dr. Jutta Homann
Richterin am Arbeitsgericht Frankfurt (Oder)

Dr. Jens Suckow
Richter am Bundesarbeitsgericht

7., überarbeitete Auflage 2021

Verlag Franz Vahlen

Zitiervorschlag: *Homann/Suckow* Kurzvortrag ArbR

www.vahlen.de

ISBN 978 3 8006 6275 3

© 2021 Verlag Franz Vahlen GmbH
Wilhelmstraße 9, 80801 München
Druck: Himmer GmbH Druckerei & Verlag
Steinerne Furt 95, 86167 Augsburg

Satz: R. John + W. John GbR, Köln
Umschlaggestaltung: Martina Busch, Grafikdesign, Homburg Saar

CO₂
neutral

vahlen.de/nachhaltig

Gedruckt auf säurefreiem, alterungsbeständigem Papier
(hergestellt aus chlorfrei gebleichtem Zellstoff)

Vorwort

Erfreut haben wir festgestellt, dass die Nachfrage nach einem Lehrwerk über den Aktenvortrag im Arbeitsrecht ungebrochen ist. Zahlreiche Examenskandidaten entscheiden sich für dieses spannende und sich ständig im Umbruch befindende Wahlfach.

Die siebte Auflage ist umfassend an die geänderte Rechtslage angepasst. Rechtsprechungshinweise und Literaturangaben wurden aktualisiert. Auch diesmal hoffen wir, die Bandbreite des Examensstoffes innerhalb der vorgestellten zehn Fälle widerzuspiegeln.

Für Verbesserungsvorschläge und sonstige Anregungen sind wir auch weiterhin dankbar.

Berlin, im Oktober 2020   *Die Verfasser*

Inhaltsverzeichnis

[Handschriftliche Anmerkungen am rechten Rand:]
- 5 — Kündigungsschutzklage
- 17 — AGG
- 29 — innerbetriebl Schadensausgl
- 41 — Kündigung
- 53 — Kündigung
- 77 — Kündigung
- 89 — BUrlG +
- 101 — Kündigung
- 115 — Kündigung + BUrlG

Abkürzungsverzeichnis

AGB-Recht . . . . Das Recht der Allgemeinen Geschäftsbedingungen
AGG . . . . Allgemeines Gleichbehandlungsgesetz
AiB . . . . Arbeitsrecht im Betrieb (Zeitschrift)
AP . . . . Arbeitsrechtliche Praxis
ArbG . . . . Arbeitsgericht
ArbGG . . . . Arbeitsgerichtsgesetz
ArbuR . . . . Arbeit und Recht (Zeitschrift)
Art. . . . . Artikel
Az. . . . . Aktenzeichen
AZR . . . . Aktenzeichen Recht

BAG . . . . Bundesarbeitsgericht
BB . . . . Der Betriebsberater (Zeitschrift)
BBiG . . . . Berufsbildungsgesetz
BErzGG . . . . Bundeserziehungsgeldgesetz
BetrVG . . . . Betriebsverfassungsgesetz
BGB . . . . Bürgerliches Gesetzbuch
BGBl. . . . . Bundesgesetzblatt
Bl. . . . . Blatt
BRTV . . . . Bundesrahmentarifvertrag für das Baugewerbe
BUrlG . . . . Mindesturlaubsgesetz für Arbeitnehmer (Bundesurlaubsgesetz)
bzw. . . . . beziehungsweise

DB . . . . Der Betrieb (Zeitschrift)
dh . . . . das heißt
DJT . . . . Deutscher Juristentag

EFZG . . . . Entgeltfortzahlungsgesetz
EG . . . . Europäische Gemeinschaft
ErfK . . . . Erfurter Kommentar zum Arbeitsrecht
EuGH . . . . Europäischer Gerichtshof
EUR . . . . Euro
evtl. . . . . eventuell
EzA . . . . Entscheidungssammlung zum Arbeitsrecht

f., ff. . . . . folgend(e)

GmbH . . . . Gesellschaft mit beschränkter Haftung
GmbH & Co. KG . . Gesellschaft mit beschränkter Haftung & Compagnie Kommanditgesellschaft
GS . . . . Großer Senat

Hs. . . . . Halbsatz

IfSG . . . . Gesetz zur Verhütung und Bekämpfung von Infektionskrankheiten beim Menschen (Infektionsschutzgesetz)
IHK . . . . Industrie- und Handelskammer
iSd . . . . im Sinne der/des
iSv . . . . im Sinne von
iVm . . . . in Verbindung mit

Kfz . . . . Kraftfahrzeug
KSchG . . . . Kündigungsschutzgesetz

LAG . . . . Landesarbeitsgericht
LAGE . . . . Entscheidungen der Landesarbeitsgerichte
lit. . . . . litera

mbh . . . . mit beschränkter Haftung
MiLoG . . . . Gesetz zur Regelung eines allgemeinen Mindestlohns (Mindestlohngesetz)
MTV . . . . Manteltarifvertrag
MuSchG . . . . Mutterschutzgesetz

nF . . . . neue Fassung
NJW . . . . Neue Juristische Woche (Zeitschrift)
NK-TVG . . . . Nomos Kommentar zum Tarifvertragsgesetz
Nr. . . . . Nummer
NZA . . . . Neue Zeitschrift für Arbeitsrecht
NZA-RR . . . . Neue Zeitschrift für Arbeitsrecht Rechtsprechungs-Report

ppa. . . . . per procurationem

RA . . . . Rechtsanwalt
Rain . . . . Rechtsanwältin
RegAng. . . . . Regierungsangestellte
RiAG . . . . Richter am Amtsgericht
RiArbG . . . . Richter am Arbeitsgericht
RL . . . . Richtlinie
Rn. . . . . Randnummer
RVO . . . . Reichsversicherungsordnung

S. . . . . Satz/Seite/Siehe
s. . . . . siehe
StVG . . . . Straßenverkehrsgesetz

TVG . . . . Tarifvertragsgesetz

Urt. . . . . Urteil

v. . . . . von/vom
vgl. . . . . vergleiche
Vhdl. . . . . Verhandlungen

zB . . . . zum Beispiel
ZIP . . . . Zeitschrift für Wirtschaftsrecht
ZPO . . . . Zivilprozessordnung
ZTR . . . . Zeitschrift für Tarif-, Arbeits- und Sozialrecht des öffentlichen Dienstes

A. Einleitung

I. Überblick über den Aufbau

Der Aktenvortrag ist in fünf Abschnitte zu gliedern. Grundsätzlich ist festzuhalten, dass natürlich auch der Aktenvortrag im Arbeitsrecht den Regeln für den Aktenvortrag im Zivilrecht folgt, sodass den erlernten Maßgaben uneingeschränkt gefolgt werden kann.

1. Einleitungssatz

Er ist zu beginnen mit den Worten »Ich berichte über einen Rechtsstreit …«. Es folgt die Angabe des Jahres, in dem der Rechtsstreit anhängig war, um den Geltungszeitraum etwaiger Gesetze zu erfassen. Zu nennen ist weiter das Gericht, um den maßgeblichen Verfahrensstand mitzuteilen. Es wird im Bereich des Arbeitsrechts aber in den seltensten Fällen dazu kommen, dass ein Rechtsstreit vor dem Landesarbeitsgericht zur Vortragsgrundlage genutzt wird. Auch der Entwurf eines anwaltlichen Schriftsatzes ist unüblich. Als Ersatz für das Rubrum folgt weiter die Angabe der Prozessparteien mit ihrer prozessualen Rolle (Kläger und Beklagter; evtl. Antragsteller und Antragsgegner oder auch Verfügungskläger und Verfügungsbeklagter). Es empfiehlt sich, an dieser Stelle kurz mit aufzunehmen, welche Art von Betrieb der Arbeitgeber betreibt, um den Prüfern eine Groborientierung zu geben, in welcher Branche sich der Rechtsstreit abspielt.

2. Bericht über den Sach- und Streitstand

Grundsätzlich folgt der Aufbau dem des Urteilstatbestandes. Allerdings ist er aus Zeitgründen eher noch knapper zu halten.

Voranzustellen ist ein Einleitungssatz, um den Streitgegenstand schlagwortartig zu skizzieren. Im häufigsten Fall einer zu entwerfenden gerichtlichen Entscheidung ist der Tatbestand in folgende Teile zu gliedern:

1. Unstreitiges Parteivorbringen
2. Streitiger Klägervortrag
3. Antrag des Klägers
4. Antrag des Beklagten
5. Streitiger Beklagtenvortrag
6. (selten) Replik des Klägers/Duplik des Beklagten
7. Prozessgeschichte, falls notwendig

Für den Aufbau innerhalb des unstreitigen Teils bietet sich zumeist eine chronologische Darstellung an. Daten und Zahlen sind nur konkret zu benennen, wenn sie für die Fallentscheidung unverzichtbar sind. Wenn es auf längere Berechnungen oder Zahlenreihen ankommt, ist von der Möglichkeit Gebrauch zu machen, auf die entsprechende Seite des Aktenstücks zu verweisen oder darauf hinzuweisen, dass innerhalb der rechtlichen Würdigung eine Darstellung im Einzelnen erfolgen wird. Sollte es auf die Formulierung einer Klausel ankommen (zB auf eine Ausschlussklausel im Arbeitsvertrag), kann diese direkt aus dem Aktenstück zitiert werden. Wenn es sich um eine längere Passage handelt, lässt sich auch hier durch den Verweis Zeit sparen, auf die genannte Klausel – soweit es auf ihren Wortlaut ankommt – innerhalb der rechtlichen Würdigung zurückzukommen.

Auch Rechtsmeinungen der Parteien, die für die eigene Streitentscheidung nicht erheblich sein mögen, sollten kurz angedeutet werden, um zu zeigen, dass man diese wahrgenommen hat.

Eine Replik bzw. Duplik wird selten vorkommen und ist nach Möglichkeit zu vermeiden. Denkbar ist dies allenfalls im Falle einer Widerklage, auf die der Kläger streitigen Vortrag erwidert oder im Falle der Kündigungsschutzklage, wenn der Beklagte umfangreiche streitige Ausführungen hinsichtlich des Kündigungsvorwurfs erbringt, auf den der Kläger substantiiert erwidert.

Auch die Prozessgeschichte ist in den meisten Fällen mangels Erheblichkeit nicht zu berücksichtigen. Notwendig ist ein Eingehen zB, wenn eine Beweisaufnahme stattgefunden hat. Zu berichten ist an dieser Stelle nur, dass Beweis zu einem Beweisthema durch ein bestimmtes Beweismittel erhoben worden ist. Hinsichtlich des Ergebnisses ist entweder auf den Akteninhalt zu verweisen oder kurz anzumerken, dass man auf das Ergebnis innerhalb der rechtlichen Würdigung näher eingehen wird.

Als weiteres Beispiel kann es auf die Darstellung von Daten, zB des Klageeingangs, ankommen, wenn sich ein Fristenproblem stellt.

3. Entscheidungsvorschlag

Die rechtliche Würdigung beginnt mit dem Vorschlag der Entscheidung, die sich am Ende im Tenor manifestiert. Damit werden die Prüfer sofort auf den Weg eingestimmt, den man in der folgenden rechtlichen Überprüfung einschlagen wird.

4. Rechtliche Würdigung

Grundsätzlich erfolgt die rechtliche Würdigung im Urteilsstil. Eine Ausnahme gilt nur bei der Darstellung tatsächlicher und rechtlicher Streitfragen, die im Gutachtenstil erfolgen soll. Es ist darauf zu achten, anhand kurzer übersichtlicher Sätze die Zuhörer durch die Ausführungen zu leiten, damit diese ohne Schwierigkeiten folgen können.

Wichtig ist es, den Mut zu besitzen, rechtlich Unproblematisches in knappster Form darzustellen, so zB in der überwiegenden Anzahl der Aktenstücke die Zulässigkeitsfragen. Abwegige Rechtsmeinungen der Parteien sind allenfalls kurz anzusprechen. Auf keinen Fall sind Alternativlösungen anzubieten. Wenn zB eine Kündigung bereits unwirksam ist, weil kein Kündigungsgrund gegeben ist, ist die Frage einer ordnungsgemäßen Betriebsratsanhörung unerheblich (oder umgekehrt, je nach Schwerpunkt des Falles!).

Die streitentscheidenden Normen sind zu nennen und zwar korrekterweise anhand des Absatzes oder gegebenenfalls sogar Satzes, der die einbezogene Rechtsfolge enthält (zB enthält § 1 KSchG eine Fülle von Merkmalen und Rechtsfolgen neben den benannten Kündigungsgründen; es finden sich dort zB Normteile zur Anwendbarkeit des Gesetzes oder zur sozialen Auswahl; der Prüfer kann also mit einem pauschalen Verweis auf § 1 KSchG nichts anfangen, wenn man sich sodann auf einen bestimmten Kündigungsgrund beziehen will).

In den meisten Bundesländern sind Nebenentscheidungen, die innerhalb der rechtlichen Würdigung am Ende zu begründen wären, nicht zu treffen. Diesbezüglich sind die länderspezifischen Hinweise zum Kurzvortrag genau zu beachten.

5. Tenor

Dieser beschränkt sich, wie gerade angesprochen, grundsätzlich auf die Hauptentscheidung. Hier ist großer Wert zu legen auf eine korrekte Formulierung (zB nicht »Der Beklagte verpflichtet sich, … an den Kläger zu zahlen«, sondern »Der Beklagte wird verurteilt, an den Kläger … zu zahlen«). Niemals darf eine etwaige Abweisung der Klage im Übrigen vergessen werden, da der Tenor ansonsten unvollständig und eine Entscheidung über einen Teil des Streitgegenstandes nicht getroffen worden wäre.

II. Zum Umgang mit den Übungsfällen

Die Fälle sollen dazu dienen, unter »Ernstfallbedingungen« den Kurzvortrag einzuüben. Es bietet sich an, innerhalb einer Arbeitsgruppe mit den vom jeweiligen Bundesland erlaubten Hilfsmitteln zu trainieren. Die typische Prüfungssituation, sich in möglichst freier Rede zu üben, die Zuhörer strukturiert durch die Falllösung zu führen und nicht nervös zu werden, wenn man den Faden einmal verlieren sollte, lässt sich nur in der Arbeitsgruppe simulieren. Dieser Effekt ist kaum zu erreichen, wenn man seine Falllösung der Zimmerwand präsentiert oder noch ineffektiver nur eine stichwortartige, schriftliche Lösung erstellt. In letzterem Fall wird man nicht erfahren, ob man die vorgegebene Zeit eingehalten hätte und ob man die Situation, laut und in verständlichen Worten durch den Fall zu führen, gemeistert hätte.

Üben kann man nicht genug. So sollte man die Angebote zu Aktenvortragskursen in den einzelnen Bundesländern annehmen. Allerdings gibt es in den wenigsten Ländern das spezielle Angebot für arbeitsrechtliche Kurzvorträge. Gleichwohl ist ein Kurs im allgemeinen Zivilrecht sicherlich effektiv, da der einzuübende Aufbau weitgehend dem gleichen Schema folgt.

Unbedingt sollte die Möglichkeit genutzt werden, innerhalb einer etwaigen Ausbildungsstation beim Arbeitsgericht Aktenvorträge zu halten. Dafür bietet es sich an, die Aufgabe zu übernehmen, den ehrenamtlichen Richtern vor der Kammersitzung den oder die anstehenden Rechtsstreite zu präsentieren. Meistens handelt es sich bei ihnen um juristische Laien, die mit überraschenden Fragen aufwarten, auf die man aus dem Stegreif mit einer überzeugenden Antwort reagieren können muss.

Hilfreich ist es auch, sich mit der Prüfungssituation vertraut zu machen, indem man bei den mündlichen Prüfungen vorangehender Examensdurchgänge zuhört und die dort beobachteten Fehler zu vermeiden sucht.

Es ist darauf hinzuweisen, dass die Übungsvorträge nicht die Besonderheiten der einzelnen Bundesländer hinsichtlich der Vorbereitungs- und der Vortragszeit berücksichtigen konnten. In Hamburg steht zB eine 90-minütige Vorbereitungszeit zu Verfügung, in Nordrhein-Westfalen hat man dagegen nur 60 Minuten Zeit. Die Vortragszeit beträgt wohl in fast allen Bundesländern 15 Minuten. Auch wenn darauf zu achten ist, die jeweiligen spezifischen Vorgaben einzuhalten, ist es also nicht überzubewerten, wenn man innerhalb von 60 Minuten nicht alle Probleme erkannt hat oder für den Vortrag die eine oder andere Minute länger gebraucht hat.

Innerhalb der Hinweise zu den einzelnen Vortragsabschnitten soll die Einordnung je nach Schwierigkeitsgrad eine Überprüfung des eigenen Leistungsstands ermöglichen. Im Weiteren werden die Probleme des Aktenstücks erläutert, um die Gewichtung der einzelnen Problempunkte nachzuvollziehen und eine mögliche Lösung des Falles plausibel zu machen.

Der eigenen Fortbildung dienen die Literaturhinweise am Ende, die bewusst übersichtlich gehalten sind und die rasche punktuelle Vertiefung eines eventuell nicht mehr präsenten Problems ermöglichen sollen.

B. Fälle

1. Fall:

Rechtsanwalt Klaus Leipold

Kleine Gasse 83
20255 Hamburg

An das Arbeitsgericht Hamburg
Osterbekstraße 15

22073 Hamburg

Hamburg, den 6. Oktober 2020

Klage

des **Ferdinand Becker,** Lange Reihe 5, 20358 Hamburg

gegen

die **Hoss Speditions-GmbH,** vertreten durch den Geschäftsführer Bruno Hoss, Am Fischmarkt 109, 22135 Hamburg

Namens und im Auftrag des Klägers erhebe ich Klage und kündige folgende Anträge an:

1. Es wird festgestellt, dass das Arbeitsverhältnis der Parteien durch die Kündigung
vom 15. September 2020 nicht aufgelöst worden ist.

obj KH 4260 ZPO

2. Die Beklagte wird verurteilt, an den Kläger 27,70 EUR brutto zu zahlen.

Der 48 Jahre alte Kläger steht seit dem 1. Januar 2004 als Lastkraftwagenfahrer in einem Arbeitsverhältnis zu der Beklagten, die in ihrem Betrieb einen Betriebsrat gebildet hat. Der Kläger, der seiner arbeitslosen Ehefrau und zwei minderjährigen Kindern zum Unterhalt verpflichtet ist, verdient 13,85 EUR brutto die Stunde im Rahmen einer 40-Stundenwoche nebst
einer Auslösepauschale in Höhe von 200 EUR monatlich.

Die Beklagte, ein Speditionsunternehmen, hat zwölf in Vollzeit tätige Mitarbeiter.

Mit Schreiben vom 15. September 2020, das dem Kläger auf dem Postweg am 16. September
2020 zuging, kündigte die Beklagte das Arbeitsverhältnis aus – wie sie dort anführte – betrieblichen Gründen ordentlich zum 31. März 2021. Die Kündigung ist von dem Betriebsleiter der
Beklagten, Herrn Lelle, unterschrieben. Ob Herr Lelle von der Beklagten bevollmächtigt
wurde, das Arbeitsverhältnis der Parteien zu kündigen, weiß der Kläger nicht. Jedenfalls aber
verabsäumte Herr Lelle, eine Vollmachtsurkunde vorzulegen. Mit anwaltlichem Schriftsatz
vom 29. September 2020 hat der Unterzeichnende die Kündigung aus diesem Grunde zurückgewiesen.

Das Kündigungsschutzgesetz findet Anwendung. Es wird bestritten, dass für die Kündigung
betriebsbedingte Gründe vorgelegen haben. Vorsorglich rügt der Kläger die von der Beklagten getroffene Sozialauswahl. Die Beklagte wird aufgefordert, die Kriterien für die soziale
Auswahl offen zu legen.

Im Übrigen wird bestritten, dass der Betriebsrat in ordnungsgemäßer Weise vor dem Ausspruch der Kündigung angehört wurde und die zur Wirksamkeit der Kündigung notwendige
Zustimmung erteilt hat.

n.str

Außerdem muss die Beklagte noch Lohn für zwei Stunden, also 27,70 EUR brutto, an den
Kläger nachzahlen. Der Kläger ist zwar am 3. September 2020 zwei Stunden zu spät zur Arbeit gekommen. Dafür konnte er aber nichts, weil er seine 5-jährige Tochter nicht wie vor-

gesehen bei der Kita abgeben konnte. Dort hing ein Schild an der Tür: »Wegen 5 Fällen von Covid-19 wird diese Kita sofort geschlossen. Sorry, liebe Eltern, dass wir Euch vorher nicht informieren konnten.« Da die Ehefrau des Klägers an Magen-Darm-Grippe erkrankt war, konnte sie die Tochter nicht selbst betreuen und der Kläger hat insgesamt zwei Stunden gebraucht, um die Tochter bei einer Freundin unterzubringen. Der Geschäftsführer hatte für das ganze Schlamassel kein Verständnis und hat Lohn für zwei Stunden zum Abzug gebracht.

Rechtsanwalt

Annette Lillteicher

Rechtsanwältin

Grandkoppelstieg 13
22073 Hamburg

An das Arbeitsgericht Hamburg
Osterbekstraße 15

22073 Hamburg

Hamburg, 20. Oktober 2020

In Sachen

Becker./.Hoss Speditions-GmbH

Az.: 2 Ca 3578/20

melde ich mich für die Beklagte und werde auftragsgemäß beantragen,

die Klage abzuweisen.

Die von dem Kläger angegriffene Kündigung ist durch dringende betriebliche Erfordernisse gerechtfertigt. Wegen unüberschaubarer Verluste in den letzten drei Geschäftsjahren und fehlenden geschäftlichen Perspektiven beschloss die Gesellschafterversammlung am 7. August 2020, den Betrieb der Beklagten zum 31. März 2021 stillzulegen. Der Geschäftsführer wurde damit beauftragt, die entsprechenden Schritte in die Wege zu leiten. Nachdem der Fuhrpark (7 Lastkraftwagen) der Beklagten Anfang September mit Wirkung zum 1. Februar 2021 an vier Speditionsfirmen verkauft worden ist, veräußerte die Beklagte das Betriebsgrundstück zum 15. März 2021 an die Firma Dreher-Büroausstattungen, die auch die vorhandene Innenausstattung übernahm. Die Verkäufe hat der Prokurist der Beklagten, Herr Martin Meister, realisiert.

Beweis: 1. Zeugnis des Martin Meister, zu laden über die Beklagte
            2. Im Bestreitensfalle Vorlage der einzelnen Kaufverträge

Die beiden einzigen noch vorhandenen Speditionsaufträge (Edeka-Großmarkt-Belieferung; Möbelverbringung der Firma Knesebeck von Hamburg-Hafen nach München) werden bis zum 11. Februar respektive bis zum 24. Februar 2021 abgewickelt.

Beweis: Im Bestreitensfalle Vorlage der beiden Speditionsaufträge

Eine Sozialauswahl hatte die Beklagte nicht zu treffen, da sämtlichen beschäftigten Arbeitnehmern am 15. September 2020 die Kündigung ausgesprochen worden ist.

Der Betriebsrat in der Person des Betriebsobmanns, Herr Samuel Scheltes, ist ordnungsgemäß angehört worden. Der Geschäftsführer der Beklagten hat Herrn Schelte die Anhörungsunterlagen am Dienstag, dem 8. September 2020, übergeben. Diese umfassten die Sozialdaten des Klägers, seine Betriebszugehörigkeitszeit seit dem 1. Januar 2004, die ordentliche Kündigung als Kündigungsart sowie die Kündigungsfrist. In einer Aussprache am gleichen Tag informierte der Geschäftsführer Herrn Schelte ausführlich über die Stilllegungsabsicht zum 31. März 2021, den Verkauf des Fuhrparks, der übrigen Betriebsmittel und der Immobilien sowie über die Abwicklung der verbliebenen Aufträge. Außerdem wurde mitgeteilt, dass sämtlichen Mitarbeitern gekündigt werden solle und aus diesem Grunde eine Sozialauswahl entbehrlich sei.

Herr Schelte hat sich zur Kündigungsabsicht der Beklagten nicht weiter geäußert. Der Betriebsleiter der Beklagten, Herr Lelle, der zur Kündigung von Arbeitsverhältnissen bevollmächtigt ist, hat am Dienstag, dem 15. September 2020, sämtliche Kündigungen ausgefertigt und persönlich gegen 13.00 Uhr zur Post gebracht.

Geld für die nicht gearbeiteten Stunden am 3. September 2020 zahlt die Beklagte nicht, da der Grundsatz »Kein Lohn ohne Arbeit« gilt.

Nach alldem ist die Klage abweisungsreif.

Rechtsanwältin

Öffentliche Sitzung des Arbeitsgerichts

Geschäfts-Nr: 2 Ca 3578/20   Hamburg, 15. Dezember 2020

Anwesend:

Vorsitzender: RiArbG Maertens

Ehrenamtliche Richter: Sabine Polze und Matthias Hüttig

**Urkundsbeamtin
der Geschäftsstelle:**   RegAng. Luschke

In dem Rechtsstreit

Ferdinand Becker, Lange Reihe 5, 20358 Hamburg

– Kläger –

Prozessbevollmächtigter: RA Leipold, Hamburg

gegen

Hoss Speditions-GmbH, vertreten durch den Geschäftsführer Bruno Hoss, Am Fischmarkt 109, 22135 Hamburg

– Beklagte –

Prozessbevollmächtigte: RAin Lillteicher, Hamburg

erschienen nach Aufruf der Sache:

    1. der Kläger und Rechtsanwalt Leipold

    2. der Geschäftsführer der Beklagten Bruno Hoss mit Rechtsanwältin Lillteicher

Der Klägervertreter beantragte,

    1. festzustellen, dass das Arbeitsverhältnis der Parteien durch die Kündigung der Beklagten vom 15. September 2020 nicht aufgelöst worden ist.

    2. die Beklagte zu verurteilen, an den Kläger 27,70 EUR brutto zu zahlen.

Die Beklagtenvertreterin beantragte,

    die Klage abzuweisen.

Vorgelesen und genehmigt.

Der Klägervertreter erklärte, der Betriebsrat sei zwar angehört worden, die Beklagte habe das Arbeitsverhältnis jedoch vor Ablauf der Anhörungsfrist gekündigt.

Die Sach- und Rechtslage wurde erörtert. Einen Vergleichsvorschlag seitens der Kammer lehnten die Parteien ab.

Beschlossen und verkündet:

Eine Entscheidung ergeht am Ende der Sitzung.

(Maertens)   (Luschke)

Vermerk für den Bearbeiter:

Die arbeitsgerichtliche Entscheidung ist zu entwerfen.

Die am 6. Oktober 2020 beim Arbeitsgericht eingegangene Klage wurde der Beklagten am 9. Oktober 2020 zugestellt. Die Güteverhandlung endete am 26. Oktober 2020 ohne Erfolg.

September 2020
1 DI
2 MI
3 DO
4 FR
5 SA
6 SO
7 MO
8 DI   BR
9 MI
10 DO
11 FR
12 SA
13 SO
14 MO
15 DI   K.
16 MI   wyang
17 DO
18 FR
19 SA
20 SO
21 MO
22 DI
23 MI
24 DO
25 FR
26 SA
27 SO
28 MO
29 DI
30 MI

Lösungsvorschlag:

Ich berichte über einen Rechtsstreit, der dem Arbeitsgericht Hamburg im Jahr 2020 zur Entscheidung vorlag. Kläger ist Herr Ferdinand Becker. Die Beklagte, die Hoss Speditions-GmbH, betreibt in Hamburg ein Speditionsunternehmen.

I.

Die Parteien streiten um die Wirksamkeit einer ordentlichen Kündigung sowie um Zahlung.

Der Kläger ist seit dem 1. Januar 2004 bei der Beklagten zu einem Bruttosstundenlohn von 13,85 EUR nebst monatlich 200 EUR Auslösepauschale als Lastkraftwagenfahrer tätig. Insgesamt beschäftigt die Beklagte zwölf Mitarbeiter in Vollzeit.

Angesichts sich verschlechternder Geschäftsaussichten beschloss die Gesellschafterversammlung der Beklagten am 7. August 2020, den Betrieb zum 31. März 2021 stillzulegen und sämtlichen Mitarbeitern zu kündigen. Anfang September veräußerte die Beklagte sämtliche Betriebsmittel einschließlich des Fuhrparks. Die verbliebenen zwei Restaufträge beabsichtige die Beklagte bis zum 11. bzw. 24. Februar 2021 abzuwickeln.

Den Betriebsrat informierte der Geschäftsführer der Beklagten am 8. September 2020 über die Stilllegungsabsicht, über die getätigten Verkäufe sowie über die Einzelheiten der beabsichtigten Kündigungen. Nachdem der Betriebsrat sich bis zum 15. September 2020 nicht geäußert hatte, gab der zur Kündigung von Arbeitsverhältnissen berechtigte Betriebsleiter der Beklagten, Herr Lelle, am gleichen Tag gegen 13.00 Uhr die von ihm unterzeichneten Kündigungsschreiben zur Post. Nach Zugang des Kündigungsschreibens am Folgetage wies der Prozessbevollmächtigte des Klägers die Kündigung unter dem 29. September 2020 mit der Begründung zurück, Herr Lelle habe seine Vollmachtsurkunde nicht vorgelegt.

Am 3. September 2020 erschien der Kläger zwei Stunden zu spät zur Arbeit, weil er seine Tochter nicht wie geplant bei der Kita abgeben konnte, die wegen eines akuten Covid-19 Ausbruchs umgehend geschlossen wurde, und er seine Tochter zunächst anderweitig unterbringen musste.

Der Kläger hat seine Klageschrift am 6. Oktober 2020 beim Arbeitsgericht Hamburg eingereicht.

Der Kläger vertritt die Ansicht, auf das Arbeitsverhältnis der Parteien finde das Kündigungsschutzgesetz Anwendung. Da Herr Lelle die Kündigung ausgesprochen habe, ohne eine Vollmachtsurkunde vorzulegen, sei er berechtigt gewesen, diese zurückzuweisen. Schließlich habe die Beklagte die Kündigung vorfristig ausgesprochen, ohne die erforderliche Zustimmung des Betriebsrats zu der Kündigung abzuwarten.

Zur Bezahlung der ausgefallenen zwei Arbeitsstunden sei die Beklagte verpflichtet, da er sein zweistündiges Zu-Spät-Kommen nicht zu verantworten habe.

Er beantragt

1. festzustellen, dass das Arbeitsverhältnis der Parteien durch die Kündigung der Beklagten vom 15. September 2017 nicht aufgelöst worden ist.

2. die Beklagte zu verurteilen, an den Kläger 27,70 EUR brutto zu zahlen.

Die Beklagte beantragt,

die Klage abzuweisen.

Die Beklagte vertritt die Auffassung, die Kündigung sei aufgrund dringender betrieblicher Gründe sozial gerechtfertigt. Eine Sozialauswahl sei im Hinblick auf die Schließung des Betriebes entbehrlich gewesen. Die Anhörung des Betriebsrats vor dem Ausspruch der Kündigung sei in Übereinstimmung mit den betriebsverfassungsrechtlichen Vorgaben erfolgt. Nachzuzahlen habe die Beklagte nichts, da der Grundsatz »Kein Lohn ohne Arbeit« gelte.

II.

Ich schlage vor, der Klage stattzugeben.

I. Die Klage ist zulässig.

Der Rechtsweg vor die Gerichte für Arbeitssachen ist gem. § 2 I Nr. 3b ArbGG eröffnet. Die örtliche Zuständigkeit des Arbeitsgerichts Hamburg ergibt sich aus § 46 II 1 ArbGG iVm § 17 ZPO. Die Beklagte hat ihren Sitz in Hamburg. Das Feststellungsinteresse gem. § 46 II 1 ArbGG, § 495 I ZPO für den Kläger folgt aus §§ 13 III, IV 1 KSchG.

II. Die Klage ist darüber hinaus begründet.

1. Die Kündigung vom 15. September 2020 ist unwirksam und hat daher das Arbeitsverhältnis nicht beendet.

a) Das Kündigungsschutzgesetz findet auf das Arbeitsverhältnis Anwendung, weil der Kläger länger als sechs Monate für die Beklagte arbeitet (§ 1 I KSchG) und die Beklagte mit zwölf Arbeitnehmern mehr als zehn Mitarbeiter in Vollzeit beschäftigt (§ 23 I 3 KSchG).

b) Entgegen der Ansicht des Klägers ist es für die Entscheidung des Rechtsstreits ohne Bedeutung, ob der Betriebsleiter der Beklagten, Herr Lelle, seine Bevollmächtigung zum Ausspruch von Kündigungen durch die Vorlage einer Vollmachtsurkunde, wie dies § 174 S. 1 BGB verlangt, nachgewiesen hat. Da der Kläger die Kündigung mit anwaltlichem Schreiben vom 29. September 2020, also 13 Tage nach Zugang der Kündigung und damit nicht unverzüglich zurückwies, bestehen gegen die Kündigung unter vertretungsrechtlichen Gesichtspunkten keine durchgreifenden Bedenken.

c) Die Kündigung ist indes aus betriebsverfassungsrechtlichen Gründen rechtsunwirksam.

Die Beklagte hat vor Ausspruch der Kündigung eine den Vorgaben des § 102 BetrVG genügende Betriebsratsanhörung nicht durchgeführt mit der Folge, dass die Kündigung nach § 102 I 3 BetrVG rechtsunwirksam ist. Die Unwirksamkeitsfolge tritt dabei nicht nur in den Fällen ein, in denen es der Arbeitgeber gänzlich unterlässt, den Betriebsrat vor dem Ausspruch der Kündigung zu beteiligen. Das Tatbestandsmerkmal »ohne Anhörung« ist dahingehend zu verstehen, dass Kündigungen auch in den Fällen unwirksam sind, in denen die Betriebsratsanhörung formellen oder materiellen Anforderungen nicht genügt.

aa) Es ist unerheblich, ob die Beklagte ihrer Informationsobliegenheit dem Betriebsrat gegenüber nachgekommen ist, indem der Geschäftsführer der Beklagten dem Betriebsratsvorsitzenden am 8. September 2020 die Sozialdaten des Klägers nannte, die Einzelheiten der beabsichtigten Kündigung hinsichtlich Art und Kündigungszeitpunkt mitteilte, und die Details der beabsichtigten Betriebsstilllegung erläuterte.

bb) Die Anhörung ist aus formellen Gründen fehlerhaft.

Zwar war die Beklagte nicht verpflichtet, wie der Kläger meint, die ausdrückliche Zustimmung des Betriebsrats zur beabsichtigten Kündigung abzuwarten. Dem Betriebsrat steht im Rahmen des § 102 BetrVG kein Mitbestimmungsrecht, sondern lediglich ein Mitwirkungsrecht zu. Sobald der Arbeitgeber das Anhörungsverfahren in Gang gesetzt hat, besitzt der Betriebsrat drei Möglichkeiten der Reaktion: Er kann innerhalb der Frist von einer Woche der beabsichtigten Kündigung ausdrücklich zustimmen, seine Zustimmung verweigern oder die Wochenfrist ohne Reaktion verstreichen lassen. In letzterem Fall gilt die Zustimmung gem. § 102 II 2 BetrVG als erteilt.

Vorliegend hat die Beklagte die Kündigung vor dem Ablauf der einwöchigen Anhörungsfrist ausgesprochen. Die Anhörungsunterlagen wurden dem Betriebsrat am 8. September 2020 übergeben. Die Frist endete gem. §§ 186, 187 I, 188 II BGB mit dem Ablauf des 15. September 2020. Die Frage, ob der Betriebsrat die Frist je nach den Verhältnissen im Betrieb bis Mitternacht ausschöpfen darf, muss vorliegend nicht entschieden werden. Der Betriebsleiter der

Beklagten brachte das Kündigungsschreiben am 15. September 2020 bereits um 13.00 Uhr zur Post, ohne abzuwarten, ob der Betriebsrat bis zum Geschäftsschluss noch von seinem Mitwirkungsrecht Gebrauch machen würde. Auf diese Weise nahm die Beklagte dem Betriebsrat kurz vor Ablauf der Wochenfrist die Möglichkeit, auf ihre Kündigungsentscheidung Einfluss zu nehmen.

2. Die Beklagte hat dem Kläger außerdem 27,70 EUR brutto nachzuzahlen.

Anspruchsgrundlage dafür ist § 616 BGB. Den Kläger trifft keine Schuld daran, dass er seine Tochter aufgrund eines akuten Covid-19-Ausbruchs nicht wie vorgesehen bei der Kita abgeben konnte und deshalb seine Arbeit nach deren anderweitiger Unterbringung erst zwei Stunden später beginnen konnte. Es handelt sich damit auch um eine verhältnismäßig nicht erhebliche Zeit.

III.

Im Ergebnis schlage ich daher folgenden Tenor vor:

1. Es wird festgestellt, dass das Arbeitsverhältnis der Parteien durch die Kündigung der Beklagten vom 15. September 2020 nicht aufgelöst worden ist.

2. Die Beklagte wird verurteilt, an den Kläger 27,70 EUR brutto zu zahlen.

Hinweise zum Lösungsvorschlag:

Der Aktenvortrag ist als mittelschwer einzustufen, da zwar für die Kündigung mit dem Fristenproblem lediglich die Frage der Betriebsratsbeteiligung entscheidungserheblich war. Dies war jedoch vom Prüfling zunächst zu erkennen und der recht umfangreiche – letztlich nichts zur Sache beitragende – Vortrag davon abzusondern. Zudem muss man die Regelung des § 174 BGB kennen, um sie in gebotener Kürze abhandeln zu können. Kreativen Geist kann man bei der Subsumption unter die Norm des § 616 BGB beweisen, da die »Corona-Fallgestaltungen« naturgemäß noch nicht höchstrichterlich entschieden sind.

Sachverhaltsdarstellung

Es bietet sich eine knappe Darstellung des Aktenstoffes an. Da die Frage der sozialen Rechtfertigung der Kündigung für die Entscheidung keine Rolle spielt, ist der Parteivortrag zur Stilllegung des Betriebes stark zu kürzen. Klarzustellen ist zudem, wann das Anhörungsverfahren vor dem Betriebsrat eingeleitet und wann das Kündigungsschreiben abgesandt wurde.

Einen guten Eindruck hinterlässt es, wenn der Kündigungsschutzantrag die Parteirollen widerspiegelt, denn streitgegenständlich ist nicht eine Kündigung im Allgemeinen, sondern die konkrete Kündigung der Beklagten. Entsprechendes gilt für das Arbeitsverhältnis, das nicht irgendwelche Personen, sondern die Parteien des Rechtsstreits verbindet. Deshalb: »Es wird beantragt festzustellen, dass das Arbeitsverhältnis **der Parteien** durch die Kündigung **der Beklagten** vom 15. September 2020 nicht aufgelöst worden ist.«

Schwerpunkte in prozessualer Hinsicht

Die Zulässigkeitsprüfung beschränkt sich auf die »essentialia negotii« eines Kündigungsschutzverfahrens, also den Rechtsweg vor die Gerichte für Arbeitssachen, die örtliche Zuständigkeit des angegangenen Gerichts sowie das bei Feststellungsklagen erforderliche Feststellungsinteresse. Dieses folgt aus der Vorschrift des § 13 III KSchG, die für jeden Arbeitnehmer die Obliegenheit begründet, die Rechtsunwirksamkeit der Kündigung – egal aus welchem Grunde! – binnen der in § 4 S. 1 KSchG bezeichneten dreiwöchigen Frist gerichtlich geltend zu machen. Einen guten Eindruck macht es, wenn die einschlägigen Normen der Zivilprozessordnung, die das Verfahren vor dem Landgericht regeln, nicht isoliert, sondern korrekt über die Verweisung von § 46 II 1 ArbGG und § 495 I ZPO in die Prüfung eingeführt werden.

Schwerpunkte in materieller Hinsicht

1. Es empfiehlt sich, in die Prüfung mit dem Hinweis einzusteigen, dass die zwischen den Parteien umstrittene Frage, ob die Kündigung durch dringende betriebliche Erfordernisse bedingt ist, dahinstehen kann. Die Gelegenheit, den Prüfern en passant den Eindruck zu vermitteln, dass man eine Betriebsstilllegung als klassischen Fall eines betriebsbedingten Kündigungsgrundes kennt, sollte man sich tunlichst nicht entgehen lassen. Nur nebenbei sei erwähnt, dass die Beklagte zu den nach der Rechtsprechung des Bundesarbeitsgerichts zu fordernden »greifbaren Formen« der Betriebsstilllegung im Kündigungszeitpunkt ausreichend vorträgt. Dieser ausreichende Vortrag stellt jedoch ein reines Ablenkungsmanöver dar, das es als solches zu erkennen gilt.

2. Auch die Zurückweisung der Kündigung nach § 174 S. 2 BGB ist für die Entscheidung des Rechtsstreits unerheblich. § 174 S. 1 BGB verlangt von einem zur Kündigung von Arbeitsverhältnissen Bevollmächtigten, dass er seine Vollmacht bei der Erklärung der Kündigung durch die Vorlage einer Vollmachtsurkunde iSd § 172 BGB nachweist. Entschließt sich der Bevollmächtigte, die Kündigung per Post zu verschicken, muss er die Vollmachtsurkunde – im Original! – dem Schreiben beilegen. Wird die Kündigung ohne Vorlage der Vollmachtsurkunde erklärt, hat dies allerdings nur dann die Unwirksamkeit der Kündigung zur Folge, wenn der Kündigungsempfänger die Kündigung unter Hinweis auf das Fehlen der Vollmachtsurkunde

zurückweist. Die Zurückweisung hat unverzüglich zu geschehen. Den Maßstab der Unverzüglichkeit bestimmt die Legaldefinition in § 121 I 1 BGB. Die Grenze der Unverzüglichkeit liegt – auch wenn hier Einzelheiten heftig umstritten sind – im Normalfall bei einer Woche.

Von dem Fall des § 174 BGB, der die Kündigung durch einen Bevollmächtigten regelt, ist der Fall zu unterscheiden, in dem ein Vertreter ohne Vertretungsmacht die Kündigung erklärt. Nach § 180 S. 1 BGB ist bei Kündigungen eine Vertretung ohne Vertretungsmacht unzulässig, sodass diese dem Grundsatz nach unwirksam sind, § 134 BGB. Etwas anderes gilt jedoch, wenn der Arbeitnehmer die Kündigung beanstandungslos entgegennimmt. In diesem Falle ist die Kündigung schwebend unwirksam, § 180 S. 2 BGB iVm § 177 I BGB, mit der Folge, dass der Arbeitgeber die Kündigung ausdrücklich oder aber konkludent genehmigen kann. Hier heißt es Obacht geben: Bereits der Antrag, die Kündigungsschutzklage des Arbeitnehmers zurückzuweisen, kann als Genehmigung des Arbeitgebers ausgelegt werden!

3. Im Anschluss an § 174 BGB ist zum Schwerpunkt der materiellen Prüfung überzuleiten, der ordnungsgemäßen Beteiligung des Betriebsrates, der aufgrund der geringen Beschäftigtenzahl lediglich aus einem Mitglied, dem sog. Betriebsobmann, besteht, vgl. § 9 I BetrVG. Auch an dieser Stelle ist es nicht schädlich, kurz – da entgegen der üblichen Reihenfolge – darzustellen, dass die Anhörung in sachlicher Hinsicht den Vorgaben des § 102 I BetrVG entspricht. Die Prüfer sind für kleine, aber feine Deviationen empfänglich! Den Kanon der mitzuteilenden Tatsachen – als da sind: Die Sozialdaten des fraglichen Arbeitnehmers, die Dauer seiner Betriebszugehörigkeit, das Kündigungsdatum, dh der Zeitpunkt, zu dem die Kündigung ausgesprochen werden soll, die Art der Kündigung sowie die Kündigungsgründe nebst eventuell erforderlichen Erwägungen zur Sozialauswahl – findet bei entsprechender Formulierung in einem einzigen Satz Platz.

Die verfahrensrechtlichen Aspekte des § 102 BetrVG erfordern ein gerüttelt Maß an Hingabe. Es ist durchaus erlaubt, wenn nicht gar wünschenswert, zunächst die drei Reaktionsmöglichkeiten des Betriebsrats anzusprechen, bevor man die entscheidende Fristenfrage in Angriff nimmt. Die souveräne Beherrschung der §§ 187, 188, 193 BGB bildet einen Pluspunkt, den die Prüfer goutieren werden. Im Rahmen der Prüfung ist deutlich zu machen, dass für die Bestimmung des Fristablaufs nicht auf den Zugangszeitpunkt des Kündigungsschreibens abzustellen ist (wäre dem so, wäre im vorliegenden Fall die Wochenfrist gewahrt!), sondern auf den sog. Entäußerungszeitpunkt, dh auf den Zeitpunkt, in dem der Arbeitgeber das Kündigungsschreiben aus seinem Machtbereich entlässt. Dies leuchtet ein, da es Sinn und Zweck des betriebsverfassungsrechtlichen Anhörungsverfahrens ist, dem Betriebsrat unter Ausschöpfung der durch das Gesetz gewährten Fristen die Gelegenheit zu geben, auf den Kündigungsentschluss des Arbeitgebers argumentativ einzuwirken.

4. Wenn man die Norm des § 616 BGB glücklich gefunden hat, bereitet die Subsumption unter die Merkmale »für eine verhältnismäßig nicht erhebliche Zeit« und »ohne Verschulden« keine Probleme. Vertiefte Kenntnisse darüber, ob für den Fall längerer Abwesenheit – etwa wegen pandemiebedingter Nichtbetreuung eines Kindes – § 616 BGB gleichwohl heranzuziehen ist, der Arbeitgeber aber iSd § 56 IfSG eine staatliche Rückerstattungsmöglichkeit in Anspruch nehmen kann, dürften vom Prüfling kaum erwartet werden.

Hinweise zur Tenorierung

Es ergaben sich keinerlei Schwierigkeiten.

Weiterführende Hinweise:

- Die Entgeltfortzahlung in der Pandemie erörtern *Schmid/Mazurek/Preis* NZA 2020, 1137.
- Die Einzelheiten des Anhörungsverfahrens nach § 102 BetrVG erläutert ErfK/*Kania*, Erfurter Kommentar zum Arbeitsrecht, 20. Aufl. 2020, BetrVG § 102 Rn. 3 ff.

2. Fall:

Dr. Angstrom & Kollegen

An das
Arbeitsgericht Köln
Pohligstraße 9

50969 Köln

23. April 2021

Im Namen und in Vollmacht, diese beigefügt, unserer Mandantin,

Frau **Liliana Balducci**, Via Merulana 6, 50672 Köln,

erheben wir vor dem Arbeitsgericht Köln Klage gegen

die Firma **Layout & Design GmbH & Co. KG**, vertreten durch ihre Komplementärgesellschaft, die Rakal Verwaltungsgesellschaft mbH, diese vertreten durch ihren Geschäftsführer,
Herrn Raabe Baikal, Taubenstraße 23, 50823 Köln,

mit folgenden Anträgen:

1. Die Beklagte wird verurteilt, das Angebot der Klägerin vom 14. April 2021, den Arbeitsvertrag der Parteien vom 20. Januar 2003 mit Wirkung zum 1. Juli 2021 dergestalt zu
   ändern, dass die Klägerin für die Beklagte als Leiterin der Buchhaltung gegen ein monatliches Bruttoarbeitsentgelt in Höhe von 4.200 EUR tätig wird, anzunehmen.

2. Die Beklagte wird verurteilt, an die Klägerin eine Entschädigung in Höhe von
   4.200 EUR zu zahlen.

3. Die Beklagte hat die Kosten des Rechtsstreits zu tragen.

Begründung:

Die Klägerin steht seit dem 1. Februar 2003 bei der Beklagten in einem unbefristeten Arbeitsverhältnis als Buchhalterin mit einem monatlichen Bruttoverdienst in Höhe von zuletzt
3.400 EUR. Die arbeitsvertraglichen Beziehungen der Parteien bestimmt ein vom 20. Januar
2003 datierender Arbeitsvertrag.

Beweis im Bestreitensfalle: Arbeitsvertrag vom 20. Januar 2003

Anfang März 2021 erklärte der Leiter der Buchhaltung, Herr Weltig, er werde mit Wirkung
zum 30. Juni 2021 altersbedingt aus dem Unternehmen ausscheiden. Eine Woche später teilte
der Personalchef der Beklagten, Herr Tetzlar, durch einen Aushang am schwarzen Brett mit,
die Stelle Herrn Weltigs solle schnellst möglich wieder besetzt werden. Die Ausschreibung
hatte folgenden Wortlaut:

»[…] suchen wir ab dem 1. Juli 2021 einen neuen Leiter der Buchhaltung. Ihren Bewerbungen
unter Beifügung der üblichen Unterlagen nebst Lichtbild sehen wir bis zum 30. März 2021
entgegen.«

Beweis: Kopie der Stellenausschreibung als Anlage K 1

Die Klägerin gab ihre Bewerbungsunterlagen fristgemäß im Personalbüro der Beklagten ab. Außer ihr bewarben sich die beiden anderen Buchhalterinnen, die in Teilzeit beschäftigte Kollegin Juliana Seidenmann und die erst kürzlich in die Dienste der Beklagten getretene Kollegin Anne Walter.

Beweis: Zeugnis Frau Juliana Seidenmann, Trierer Straße 18, 50969 Köln
Zeugnis Frau Anne Walter, Weberweg 8, 50969 Köln

Im Verlauf der Mittagspause am 2. April 2021 erkundigte sich Herr Tetzlar bei der Klägerin, die Anfang des Jahres heiratete, nach ihrer Familienplanung. Die Klägerin, bar jeden Args, erklärte, sie wolle Ende der Woche einen Gynäkologen aufsuchen, da sie voller Zuversicht sei, schwanger zu sein.

Beweis: Zeugnis des Herrn Tetzlar, zu laden über die Beklagte

Im Rahmen eines Personalgespräches am 6. April 2021 erklärte Herr Tetzlar der Klägerin, der Geschäftsführer der Beklagten habe sich entschieden, die Stelle ab dem 1. Juli 2021 mit Frau Walter zu besetzen.

Beweis: Zeugnis des Herrn Tetzlar, zu laden über die Beklagte

Die gynäkologische Untersuchung, welche die Klägerin am 9. April 2021 vornehmen ließ, enttäuschte die Hoffnungen der Klägerin. Der behandelnde Arzt stellte keine Schwangerschaft, sondern lediglich einen unnatürlich langen Zyklus fest.

Beweis: Zeugnis des Herrn Dr. Krause, Buschallee 27, 50939 Köln

Herr Tetzlar, dessen Verhalten sich die Beklagte zurechnen lassen muss, hat die Klägerin wegen ihres Geschlechts diskriminiert. Bereits die Stellenausschreibung legt den Schluss nahe, dass die Beklagte als Nachfolger Herrn Weltigs lieber einen Mann als eine Frau etabliert hätte. Die Klägerin vermutet, dass die Mitteilung ihrer vermeintlichen Schwangerschaft die Beklagte bewogen hat, ihre Bewerbung negativ zu bescheiden. Hätte die Beklagte ihre Personalentscheidung an sachlichen Kriterien orientiert, hätte sie nicht Frau Walter, sondern der Klägerin die Stelle angeboten. Mit dem Klageantrag zu 1. begehrt die Klägerin deshalb ihre Beförderung zur Leiterin der Buchhaltung. Die Stelle ist mit einem monatlichen Bruttosalär in Höhe von 4.200 EUR dotiert.

Zusätzlich hat die Klägerin Anspruch auf Zahlung einer Entschädigung für das ihr zugefügte Unrecht. Die Zahlung eines Bruttomonatseinkommens durch die Beklagte erachtet die Klägerin als angemessen. Dass ein Arbeitgeber nicht eine tatsächliche, sondern lediglich eine irrtümlich angenommene Schwangerschaft zum Anlass nimmt, einer Frau eine seit langem ersehnte Stelle vorzuenthalten, ist als besonders verwerflich anzusehen.

Der Prozessbevollmächtigte der Klägerin hat beide Ansprüche mit Schreiben vom 14. April 2021, der Beklagten am Folgetage zugegangen, erfolglos geltend gemacht.

Beweis: Zeugnis des Herrn Tetzlar, zu laden über die Beklagte

Da die Beklagte meint, die begründeten Ansprüche der Klägerin in Abrede stellen zu können, sieht sich die Klägerin gezwungen, Rechtsschutz vor dem hiesigen Gericht zu suchen.

Weiterer Sachvortrag bleibt vorbehalten.

I. A. Monk

Dr. Angstrom

Rechtsanwalt
(nach Diktat verreist)

Anlage K 1

Layout & Design

Köln, den 11. März 2021

Stellenausschreibung

Da Herr Weltig unser Unternehmen Ende Juni verlassen wird, suchen wir ab dem 1. Juli 2021 einen neuen Leiter der Buchhaltung. Ihren Bewerbungen unter Beifügung der üblichen Unterlagen sehen wir bis zum 31. März 2021 entgegen.

Layout & Design

Komplementärgesellschaft:
Rakal Verwaltungsgesellschaft mbH
Geschäftsführer: Raabe Baikal,
Taubenstraße 23
50823 Köln

Köln, den 30. April 2021

In dem Rechtsstreit

Balducci./.Layout & Design GmbH & Co. KG,
Az. 3 Ca 742/21,

möchte ich dem Gericht folgenden Sachverhalt zur Kenntnis geben:

Unter Bezugnahme auf den Aushang am Schwarzen Brett bewarb sich Frau Balducci Mitte März um die vakante Stelle als Leiterin der Buchhaltung in meinem Werbebüro. Weitere Bewerbungen erhielt ich von Frau Juliana Seidenmann und Frau Anne Walter.

Nach intensiver Sichtung der Bewerbungsunterlagen entschied ich mich, Frau Anne Walter mit der Aufgabe zu betrauen. Ohne die Verdienste, welche die Klägerin während ihrer langjährigen Tätigkeit für mein Unternehmen erworben hat, in Abrede stellen zu wollen, komme ich nicht umhin festzustellen, dass Frau Walter mir aufgrund ihrer formidablen Fachkompetenz gepaart mit ihrer überaus engagierten Art, Probleme anzugehen, für die Stelle geeigneter scheint als die Klägerin.

Mit Vehemenz möchte ich der Anschuldigung entgegentreten, ich hätte Frau Balducci wegen ihres Geschlechts diskriminiert. Der Vorwurf scheint mir geradezu absurd. Wie kann ich Frauen diskriminieren, wenn ich aus einer Bewerbergruppe von drei Frauen eine Frau auswähle, um sie zur Leiterin meiner Buchhaltung zu machen? Das Gesetz schützt Frauen, nicht aber Schwangere oder gar vermeintlich Schwangere.

Die einen juristischen Laien befremdende Verstiegenheit des klägerischen Prozessbevollmächtigten gipfelt in seiner Folgerung, der Irrtum der Klägerin könne Ansprüche gegen unsere Firma generieren. Nach dem Eingeständnis der Klägerin, während des gesamten Auswahlprozesses nicht schwanger gewesen zu sein, steht fest, dass wir die Klägerin wegen einer Schwangerschaft gar nicht benachteiligen konnten. Aus welchem Grunde sollte das Arbeitsrecht einer nicht schwangeren Bewerberin eine im Vergleich zu genauso wenig schwangeren Bewerberinnen vorteilhafte Behandlung angedeihen lassen? An dieser Stelle schließt sich der Kreis: Sollte die geschätzte Kammer zu dem Ergebnis gelangen, der Klägerin stehe die Stelle oder zumindest eine Entschädigung zu, bevorzugte sie die Klägerin und benachteiligte Frau Seidenmann und Frau Walter.

Abschließend möchte ich anmerken, dass ich bis zum Abschluss des arbeitsgerichtlichen Verfahrens davon Abstand nehme, die Stelle zu besetzen. Ich halte es für angebracht, die Entscheidung des Gerichts abzuwarten.

Hochachtungsvoll

R. Baikal

Güteverhandlung vor dem

Arbeitsgericht Köln

11. Juni 2021

Geschäftsnummer: **3 Ca 742/21**

Anwesend:

Vorsitzender: RiAG Macomber

Urkundsbeamter der Geschäftsstelle: Von der Zuziehung wurde gem. § 46 I ArbGG in Verbindung mit § 159 I ZPO abgesehen

In dem Rechtsstreit

Frau **Liliana Balducci**, Via Merulana 6, 50672 Köln,

– Klägerin –

gegen

Layout & Design GmbH & Co. KG, vertreten durch ihre Komplementärgesellschaft, die Rakal Verwaltungsgesellschaft mbH, diese vertreten durch ihren Geschäftsführer, Herrn Raabe Baikal, Taubenstraße 23, 50823 Köln,

– Beklagte –

erschienen nach Aufruf der Sache:

Die Klägerin mit Rechtsanwalt Angstrom und der Geschäftsführer der Komplementärgesellschaft der Beklagten, Herr Baikal.

Im Rahmen der Erörterung der Sach- und Rechtslage wies der Vorsitzende die Parteien darauf hin, nach vorläufiger Einschätzung dürfte der Klageantrag zu 1., mittels dessen die Klägerin ihre Beförderung zur Leiterin der Buchhaltung erstrebe, nicht begründet sein.

Der Klägervertreter erklärte, er halte an dem Antrag fest, erweiterte die Klage aber um den folgenden Antrag:

> Hilfsweise wird die Beklagte verurteilt, an die Klägerin für die Dauer des Arbeitsverhältnisses der Parteien Schadensersatz in Höhe von monatlich 800 EUR brutto seit dem 1. Juli 2021 zu zahlen.

Vorgespielt und genehmigt.

Zur Begründung der Klageerweiterung führte der Klägervertreter aus, über den Antrag solle nur entschieden werden, wenn das Gericht dem Klageantrag zu 1. nicht entspreche. Wenn die Beklagte die Klägerin schon nicht befördere, habe diese zumindest Anspruch darauf, für die Dauer des Arbeitsverhältnisses der Parteien finanziell so gestellt zu werden, als hätte die Beklagte die Stelle nicht mit Frau Walter, sondern mit der Klägerin besetzt.

Nach Erörterung der Sach- und Rechtslage mit den Parteien

beschlossen und verkündet:

Der Termin zur mündlichen Verhandlung vor der Kammer wird auf Montag, den 5. August 2021, um 10.00 Uhr anberaumt.

Öffentliche Sitzung des

Arbeitsgericht Köln

5. August 2021

Geschäftsnummer: **3 Ca 742/21**

Anwesend:

Vorsitzender: RiAG Macomber

Ehrenamtliche Richter: Herbst und Behnisch

Urkundsbeamter der Geschäftsstelle: Von der Zuziehung wurde gem. § 46 I ArbGG in Verbindung mit § 159 I ZPO abgesehen

In dem Rechtsstreit

Frau **Liliana Balducci**, Via Merulana 6, 50672 Köln,

– Klägerin –

gegen

Layout & Design GmbH & Co. KG, vertreten durch ihre Komplementärgesellschaft, die Rakal Verwaltungsgesellschaft mbH, diese vertreten durch ihren Geschäftsführer, Herrn Raabe Baikal, Taubenstraße 23, 50823 Köln,

– Beklagte –

erschienen nach Aufruf der Sache:

Die Klägerin mit Rechtsanwalt Angstrom und der Geschäftsführer der Komplementärgesellschaft der Beklagten, Herr Baikal.

Der Klägerinvertreter beantragte,

1. die Beklagte zu verurteilen, das Angebot der Klägerin vom 14. April 2021, den Arbeitsvertrag der Parteien vom 20. Januar 2003 mit Wirkung zum 1. Juli 2021 dergestalt zu ändern, dass die Klägerin für die Beklagte als Leiterin der Buchhaltung gegen ein monatliches Bruttoarbeitsentgelt in Höhe von 4.200 EUR tätig wird, anzunehmen,

   hilfsweise für den Fall, dass die Klägerin mit dem Klageantrag zu 1. unterliegen sollte, die Beklagte zu verurteilen, an die Klägerin für die Dauer des Arbeitsverhältnisses der Parteien Schadensersatz in Höhe von monatlich 800 EUR brutto seit dem 1. Juli 2021 zu zahlen, und

2. die Beklagte zu verurteilen, an die Klägerin eine Entschädigung in Höhe von 4.200 EUR zu zahlen.

Der Beklagtenvertreter beantragte,

   die Klage abzuweisen.

Nach Erörterung der Sach- und Rechtslage mit den Parteien

beschlossen und verkündet:

Eine Entscheidung ergeht am Schluss der Sitzung.

Anmerkung:

Die Klageschrift ist am 23. April 2021 beim Arbeitsgericht Köln eingegangen und der Beklagten am 27. April 2021 zugestellt worden.

Eine Entscheidung ist zu entwerfen. Die Entscheidung über die Kostentragungspflicht bleibt ebenso erlassen wie die Festsetzung des Streitwertes.

Lösungsvorschlag:

Ich berichte über einen Rechtsstreit, der im Jahre 2021 vor dem Arbeitsgericht Köln anhängig war.

Klägerin ist Frau Liliana Balducci, Beklagte ist die Firma Layout & Design GmbH & Co. KG, eine Werbeagentur.

I.

Der Sachverhalt, der dem Gericht zur Entscheidung vorlag, ist der folgende:

Die Parteien verbindet ein vom 20. Januar 2003 datierender Arbeitsvertrag. Die Klägerin ist für die Beklagte als Buchhalterin zu einem monatlichen Entgelt in Höhe von zuletzt 3.400 EUR brutto tätig.

Mitte März 2021 schrieb die Beklagte am Schwarzen Brett eine mit 4.200 EUR dotierte offene Stelle aus. Die Ausschreibung lautete auszugsweise wie folgt:

»[…] suchen wir ab dem 1. Juli 2021 einen neuen Leiter der Buchhaltung.«

Neben zwei Kolleginnen bewarb sich die Klägerin um die ausgeschriebene Stelle.

Am 2. April 2021 erkundigte sich Herr Tetzlar, der Personalchef der Beklagten, bei der Klägerin, ob sie plane, eine Familie zu gründen. Die Klägerin bejahte die Frage und erklärte guten Glaubens, sie sei schwanger.

Vier Tage später teilte Herr Tetzlar der Klägerin mit, eine der Mitbewerberinnen, Frau Walter, werde ab dem 1. Juli 2021 die Buchhaltung leiten.

Wenige Tage danach stellte sich im Rahmen einer gynäkologischen Untersuchung heraus, dass die Klägerin nicht schwanger war.

Mit Schreiben vom 14. April 2021, das der Beklagten am Folgetage zuging, forderte der Prozessbevollmächtigte der Klägerin die Beklagte erfolglos auf, an die Klägerin eine Entschädigung in Höhe von 4.200 EUR zu zahlen.

Mit der Klageschrift, welche der Beklagten am 27. April 2021 zugestellt worden ist, begehrt die Klägerin von der Beklagten unter anderem die Zahlung einer Entschädigung.

Die Klägerin ist der Ansicht, die Beklagte habe sie wegen ihres Geschlechts diskriminiert und sei deshalb verpflichtet, die Stelle nicht mit Frau Walter, sondern mit ihr zu besetzen. Die Stellenausschreibung, die sich lediglich an männliche Bewerber richte, indiziere die Absicht der Beklagten, Frauen am beruflichen Aufstieg zu hindern. Zumindest habe sie gegen die Beklagte einen Anspruch auf Ausgleich der Vergütungsdifferenz zwischen ihrem jetzigen Bruttogehalt und dem Bruttogehalt, welches sie im Falle ihrer Beförderung zur Leiterin der Buchhaltung bezogen hätte. Schließlich habe die Beklagte an sie eine Entschädigung für den von ihr erlittenen Nichtvermögensschaden zu zahlen.

Die Klägerin beantragt,

1. die Beklagte zu verurteilen, ihr Angebot vom 14. April 2021, den Arbeitsvertrag der Parteien vom 20. Januar 2003 mit Wirkung zum 1. Juli 2021 dergestalt zu ändern, dass sie für die Beklagte als Leiterin der Buchhaltung gegen ein monatliches Bruttoarbeitsentgelt in Höhe von 4.200 EUR tätig wird, anzunehmen,

hilfsweise für den Fall, dass sie mit dem Klageantrag zu 1. unterliegen sollte, die Beklagte zu verurteilen, an sie für die Dauer des Arbeitsverhältnisses der Parteien Schadensersatz in Höhe von monatlich 800 EUR brutto seit dem 1. Juli 2021 zu zahlen, und

2. die Beklagte zu verurteilen, an sie eine Entschädigung in Höhe von 4.200 EUR zu zahlen.

Die Beklagte beantragt,

die Klage abzuweisen

Die Beklagte vertritt die Auffassung, sie habe die Klägerin nicht wegen des Geschlechts diskriminiert. Da sie die Stelle, wenn auch nicht der Klägerin, so doch einer Frau angeboten habe, liege eine unzulässige Auswahlentscheidung nicht vor. Das Antidiskriminierungsrecht schütze Frauen vor einer Benachteiligung wegen des Geschlechts, nicht aber vor einer Benachteiligung wegen einer Schwangerschaft. Dies gelte umso mehr, als eine Schwangerschaft zum Zeitpunkt der Beförderungsentscheidung nicht vorgelegen habe.

II.

Ich schlage vor, der Klage hinsichtlich des Klageantrages zu 3. stattzugeben und sie im Übrigen abzuweisen.

1. Die Klage ist hinsichtlich sämtlicher Anträge zulässig.

Für die Entscheidung der Streitsache sind die Gerichte für Arbeitssachen zuständig, § 2 I Nr. 3b ArbGG. Der Firmensitz der Beklagten liegt im örtlichen Zuständigkeitsbereich des Arbeitsgerichts Köln, § 46 II 1 ArbGG iVm §§ 12, 17 ZPO. Die Klägerin kann die drei Leistungsanträge im Wege der objektiven Klagehäufung zur Entscheidung des Gerichts stellen, § 46 II 1 ArbGG iVm §§ 495 I, 260 I ZPO.

2. Die Klage ist hinsichtlich der Klageanträge zu 1. und zu 2. unbegründet. Mit dem Klageantrag zu 3. hat die Klägerin hingegen Erfolg.

a) Der Klageantrag zu 1. ist nicht begründet. Die Beklagte ist nicht verpflichtet, das Angebot der Klägerin, den Arbeitsvertrag der Parteien vom 20. Januar 2003 zu ändern, anzunehmen. Ein derartiger Anspruch folgt nicht aus § 15 I AGG, der einzig in Betracht kommenden Anspruchsgrundlage.

Selbst wenn die Beklagte die Klägerin gem. § 7 I AGG iVm § 1 AGG wegen ihres Geschlechts benachteiligt haben sollte, gewähren die Vorschriften des AGG der Klägerin keinen Anspruch auf die von ihr begehrte Stelle. Nach § 15 VI Hs. 1 AGG begründet ein Verstoß des Arbeitgebers gegen das in § 7 I AGG normierte Benachteiligungsverbot grundsätzlich keinen Anspruch auf einen beruflichen Aufstieg, also auch keinen Anspruch der Klägerin auf die erstrebte Beförderung zur Leiterin der Buchhaltung.

Ein Ausnahmefall nach § 15 VI Hs. 2 AGG liegt nicht vor, da die Klägerin ihren Anspruch nicht auf einen anderen Rechtsgrund zu stützen vermag. Ein solcher Rechtsgrund, etwa in Form einer einzelvertraglichen Besetzungszusage oder eines tarifvertraglichen Bewährungsaufstieges, liegt nicht vor. Die Vorschriften des allgemeinen Schuldrechts, insbesondere die des Schadensersatzrechts nach §§ 249 ff. BGB, treten im Wege der Spezialität hinter die Vorschriften des AGG zurück.

b) Die Klage ist auch hinsichtlich des hilfsweise gestellten Klageantrages zu 2. abzuweisen, da die Klägerin gegen die Beklagte keinen Anspruch auf Zahlung der begehrten Vergütungsdifferenz hat. Die Klägerin kann ihr Klagebegehren insbesondere nicht mit Erfolg auf § 15 I AGG stützen.

Nach § 15 I 1 AGG ist der Arbeitgeber bei einem Verstoß gegen das Benachteiligungsverbot verpflichtet, den hierdurch entstandenen Schaden zu ersetzen. Unabhängig davon, ob der Beklagten eine Benachteiligung der Klägerin vorzuwerfen ist, scheitert der Klageanspruch an der Ausschlussfrist des § 15 IV 1 AGG. Hiernach muss ein Arbeitnehmer, der von seinem Arbeitgeber Schadensersatz verlangt, seinen Anspruch innerhalb einer Frist von zwei Monaten schriftlich beim Arbeitgeber geltend machen. Diese Frist begann nach § 15 IV 2 AGG am 6. April 2021, dem Tag, an dem Herr Tetzlar der Klägerin mitteilte, die Beklagte gebe Frau Walter den Vorzug. Die Frist endete gem. §§ 186, 188 II, 193 BGB am Montag, dem 7. Juni 2021. Den Anspruch auf Schadensersatz erhob die Klägerin erst zehn Tage später im Rahmen der Güteverhandlung vor dem Vorsitzenden am 11. Juni 2021. Zu diesem Zeitpunkt war ein möglicher Anspruch der Klägerin bereits verfallen.

c) Die Beklagte ist verpflichtet, an die Klägerin eine Entschädigung in Höhe von 4.200 EUR zu zahlen. Anspruchsgrundlage ist § 15 II 1 AGG. Danach kann der Beschäftigte wegen eines Nichtvermögensschadens eine angemessene Entschädigung in Geld verlangen, wenn der Arbeitgeber gegen das Benachteiligungsverbot des § 7 I AGG verstößt.

aa) Die tatbestandlichen Voraussetzungen des § 7 I AGG liegen vor, da die Beklagte die freie Stelle nicht der Klägerin, sondern Frau Walter anbot. Hierin liegt eine unmittelbare Benachteiligung der Klägerin wegen des Geschlechts.

(1) Eine unmittelbare Benachteiligung liegt gemäß der Legaldefinition des § 3 I AGG vor, wenn eine Person wegen eines in § 1 AGG genannten Grundes eine weniger günstige Behandlung erfährt, als eine andere Person in einer vergleichbaren Situation erfahren hat. Die Klägerin befand sich als Bewerberin um die Stelle als Leiterin der Buchhaltung in einer vergleichbaren Situation wie Frau Walter, die sich ebenfalls um die Stelle bewarb. Aus der Sicht der Klägerin erfuhr sie gegenüber Frau Walter, welche die Stelle angeboten bekam, eine weniger günstige Behandlung.

(2) Die Beklagte benachteiligte die Klägerin wegen des Geschlechts. Die Beklagte hat weder die Indizien, welche auf eine geschlechtsspezifische Benachteiligung schließen lassen, widerlegt noch hat sie dargelegt, dass kein Verstoß gegen die Bestimmungen zum Schutz vor Benachteiligung vorgelegen hat, § 22 AGG. Dies lässt sich nicht aus der Stellenanzeige, sondern allein aus dem Gespräch folgern, das der Personalchef der Beklagten, Herr Tetzlar, am 6. April 2021 mit der Klägerin führte.

Zwar legt die Stellenanzeige am Schwarzen Brett, die allein männliche Beschäftigte zu einer Bewerbung auffordert, die Vermutung nahe, die Beklagte habe Männer gegenüber Frauen bevorzugen wollen; doch hat die Beklagte diese Vermutung durch die Beförderungszusage an Frau Walter widerlegt. Ein Arbeitgeber, der eine freie Stelle mit einer Frau besetzt, benachteiligt eine abgelehnte Stellenbewerberin – so jedenfalls dem Grundsatz nach – nicht wegen des Umstandes, dass sie Frau ist.

Anderes gilt für die Ablehnung schwangerer oder vermeintlich schwangerer Bewerberinnen. Denn entgegen der Ansicht der Beklagten liegt eine unmittelbare Benachteiligung wegen des Geschlechts vor, wenn eine Frau wegen ihrer Schwangerschaft eine ungünstigere Behandlung erfährt, § 3 I 2 AGG. Dass der Personalchef der Beklagten, Herr Tetzlar, sich wenige Tage vor der Personalentscheidung bei der Klägerin nach ihrer Familienplanung erkundigte, lässt wegen des engen zeitlichen Zusammenhangs den Schluss zu, dass die Beklagte die vermeintliche Schwangerschaft der Klägerin in ihre Personalentscheidung hat einfließen lassen. Der Haftungstatbestand liegt bereits vor, wenn einer der in § 1 AGG genannten Gründe die Entschließung des Arbeitgebers als Motiv in einem Motivbündel mitbestimmt hat. Dies gilt gem. § 7 I Hs. 2 AGG auch, wenn die Person, welche die Benachteiligung begeht, das Vorliegen eines in § 1 genannten Grundes bei der Benachteiligung irrtümlich annimmt. Das Verhalten Herrn Tetzlars, den die Beklagte mit Personalentscheidungen betraute, muss sich die Beklagte gem. § 278 BGB zurechnen lassen.

Die indizierte Benachteiligung der Klägerin ist – anders als im Falle der diskriminierenden Stellenausschreibung – durch die nachfolgende Besetzungsentscheidung nicht widerlegt worden, da die Beklagte die Stelle zwar mit einer Frau, nicht aber mit einer Schwangeren oder vermeintlich Schwangeren besetzt hat.

bb) Die Beklagte, die gem. § 22 AGG die Darlegungs- und Beweislast für einen Rechtfertigungsgrund trägt, hat keine Umstände vorgetragen, welche die Benachteiligung der Klägerin als gerechtfertigt erscheinen lassen. Umstände, welche derart schwerwiegend sind, dass sie eine wesentliche und entscheidende berufliche Anforderung darstellen, § 8 I AGG, oder den Begriff der positiven Maßnahme nach § 5 AGG ausfüllen, sind nicht ersichtlich. Die seitens der Beklagten angeführten Gründe, Frau Walter verfüge über profunde Fachkenntnisse und könne

Probleme engagiert angehen, erschöpfen sich in allgemeinen Werturteilen, die eine Diskriminierung nicht zu rechtfertigen vermögen.

(?) versch.

Der Tatbestand des § 15 II AGG liegt unabhängig von einem Verschulden der Beklagten vor, da die Haftung des Arbeitgebers verschuldensunabhängig ist.

bb) Der Klageanspruch ist auch der Höhe nach begründet. Die Entschädigung, welche der Arbeitgeber zu leisten hat, ist unter Berücksichtigung sämtlicher Umstände des Einzelfalles zu bestimmen. Hierbei sind sowohl die Häufigkeit und Schwere der Benachteiligung als auch die wirtschaftlichen Folgen der Diskriminierung in eine Gesamtabwägung einzustellen. Unter Berücksichtigung des Umstandes, dass die Beklagte die Klägerin zwar nur einmal diskriminierte, dieser Benachteiligung aber eine faktische Dauerwirkung zukommt, erscheint eine Entschädigung in Höhe eines Monatsgehalts als angemessen. Zugrunde zu legen ist die Dotierung der Stelle, um die sich die Klägerin erfolglos bewarb.

cc) Die Klägerin hat ihren Anspruch fristgerecht geltend gemacht. Zum einen hat sie die zweimonatige Frist des § 15 IV AGG gewahrt, indem sie mit Schreiben vom 14. April 2021, das der Beklagten am Folgetage zuging, die Beklagte zur Zahlung einer Entschädigung aufforderte. Zum anderen hat sie binnen der dreimonatigen Frist des § 61b I ArbGG Klage beim zuständigen Arbeitsgericht erhoben, §§ 186, 187 I, 188 II BGB iVm § 253 I ZPO.

III.

Ich schlage daher folgenden Tenor vor:

Die Beklagte wird verurteilt, an die Klägerin eine Entschädigung in Höhe von 4.200 EUR zu zahlen; im Übrigen wird die Klage abgewiesen.

Hinweise zum Lösungsvorschlag:

Der Fall stellt bekannte gleichbehandlungsrechtliche Problemlagen vor, ohne die Tiefen und Untiefen des Antidiskriminierungsrechts auszuloten. Dem Schwierigkeitsgrad nach ist er im gehobenen Mittelfeld anzusiedeln. Punkte lassen sich durch eine klare Gliederung sammeln. Die verschiedenen Klageanträge geben dem Kandidaten die willkommene Gelegenheit, Fingerspitzengefühl im Umgang mit dem gleichbehandlungsrechtlichen Instrumentarium zu demonstrieren.

Schwerpunkte in prozessualer Hinsicht:

Die Prüfung der Zulässigkeit ist in der gebotenen Kürze abzuhandeln. Es reicht völlig aus, unter Hinweis auf den Rechtsweg und die örtliche Zuständigkeit des Arbeitsgerichts Köln auf die durch § 260 I ZPO ermöglichte (objektive) Klagehäufung hinzuweisen.

Schwerpunkte in materieller Hinsicht:

Der Fall lässt sich anhand des Gesetzestextes lösen, ohne dass es auf vertiefte Kenntnisse des Antidiskriminierungsrechts ankäme.

1. Dem ersten Klageantrag ist kein Erfolg beschieden, da das Allgemeine Gleichbehandlungsgesetz keine Rechtsfolge vorsieht, die es der Klägerin erlaubte, ihr Klageziel zu erreichen. Grundsätzlich ist der Arbeitgeber bei einem Verstoß gegen das Benachteiligungsverbot des § 7 I Hs. 1 AGG iVm § 1 AGG verpflichtet, den hierdurch entstehenden Schaden zu ersetzen, § 15 I 1 AGG. Wer zum Schadensersatz verpflichtet ist, hat nach § 249 BGB den Zustand herzustellen, der bestehen würde, wenn der zum Ersatz verpflichtende Umstand nicht eingetreten wäre. Bei Anwendung dieser Vorschrift wäre ein Arbeitgeber, der den bestqualifizierten Bewerber um eine Beförderungsstelle aufgrund eines der in § 1 AGG genannten Merkmale diskriminiert, verpflichtet, diesem die Stelle anzubieten. Für diese Fälle enthält § 15 VI AGG allerdings eine – nicht nur in diesem Falle weitreichende – Ausnahme. Unabhängig von der Frage, ob ein Verstoß gegen das Gleichbehandlungsgebot vorliegt, beschränkt § 15 VI AGG in den Fällen der Einstellung und der Beförderung die Verpflichtung zum Schadensersatz auf die Kompensation finanzieller Nachteile.

2. Der von der Klägerin geltend gemachte Schadensersatzanspruch ist auf der Tatbestandsebene nicht im Einzelnen zu prüfen, da die Klägerin die Geltendmachungsfrist des § 15 IV 1 AGG nicht eingehalten hat. Dass der Gesetzgeber die Ansprüche von diskriminierten Arbeitnehmern einem engen Fristenregime unterworfen hat, steht im Zusammenhang mit der Beweislastregelung des § 22 AGG. Dem Arbeitgeber soll nicht zugemutet werden, bis zum Ablauf der regelmäßigen Verjährungsfristen dem Risiko eines Schadensersatzprozesses ausgesetzt zu sein und deshalb sämtliche Dokumentationen personeller Maßnahmen aufbewahren zu müssen.

Die Fristenregelung sollte man liebevoll, dh in diesem Falle unter Heranziehen der einschlägigen Vorschriften aus dem Allgemeinen Teil des BGB, behandeln. Wenn der Kandidat dabei zeigt, dass sich der Beginn der Ausschlussfrist nicht nach der allgemeinen Regel des § 187 BGB, sondern nach der spezialgesetzlichen Bestimmung des § 15 IV 2 AGG bemisst, spricht alles dafür, dass die Prüfer dies wohlwollend zur Kenntnis nehmen.

3. Der auf die Zahlung einer Entschädigung gerichtete Klageantrag zu 3. ist der einzige, mit dem die Klägerin erfolgreich ist. Erst an dieser Stelle ist es prüfungstechnisch gerechtfertigt, in die Einzelheiten des Haftungstatbestandes einzusteigen. Das Tatbestandsmerkmal der Benachteiligung ist unter Rückgriff auf die Legaldefinition des § 3 I AGG auszulegen, ohne dass die Subsumtion Schwierigkeiten aufwürfe.

Das Merkmal »aus Gründen des Geschlechts« bedarf einer eingehenderen Prüfung. Der erforderliche kausale Nexus zwischen einem in § 1 AGG genannten Motiv und der Entscheidung des Arbeitgebers ist für den klagenden Arbeitnehmer im Allgemeinen schwer zu führen.

An dieser Stelle schafft die Beweislastregelung des § 22 AGG Erleichterungen. Zunächst reicht es, dass der Arbeitnehmer Indizien beweist, die eine Benachteiligung wegen eines in § 1 AGG genannten Grundes vermuten lassen. So indiziert eine diskriminierende Stellenausschreibung, dass der Arbeitgeber seine Entscheidung an Kriterien orientiert, die in einem ursächlichen Zusammenhang mit dem betreffenden Merkmal stehen (vgl. im Einzelnen Schleusener/Suckow/Plum/*Suckow*, AGG, 5. Aufl. 2018, AGG § 11 Rn. 70). Dem Arbeitgeber steht es jedoch frei, im Rahmen des gerichtlichen Verfahrens die Vermutung eines diskriminierenden Motivs zu widerlegen. Dies gelingt ihm in all den Fällen, in denen er die Stelle mit einer Person besetzt, die das Merkmal aufweist, dessentwegen er den erfolglosen Stellenbewerber vermeintlich benachteiligt hat. So wollte die Beklagte, obwohl sich die Stellenausschreibung lediglich an Männer wandte, die Stelle nicht mit einem Mann, sondern mit Frau Walter besetzen. Dennoch ist vorliegend von einem Diskriminierungsmotiv auszugehen, denn die Beklagte hat zwischen – vermeintlich – Schwangeren und Nichtschwangeren differenziert. Berücksichtigt ein Arbeitgeber die Schwangerschaft einer Bewerberin zu deren Lasten, liegt eine Benachteiligung wegen des Geschlechts auch in den Fällen vor, in denen sich ausschließlich Frauen um die zu besetzende Stelle bewerben (grundlegend hierzu EuGH 8.11.1990 – C-177/88 – EzA BGB § 611a Nr. 7). Da § 7 AGG die Motivlage des Arbeitgebers bewertet, spielt es für seine Haftung keine Rolle, ob das Merkmal, dessentwegen er diskriminiert, tatsächlich oder lediglich in seiner Vorstellung vorliegt. Die Vermutung, dass die Beklagte die Klägerin wegen ihrer Schwangerschaft benachteiligt hat, hätte die Beklagte durch die Besetzung der Stelle mit einer Schwangeren widerlegen können. Die Besetzung mit einer (nichtschwangeren) Frau beseitigt die Vermutung nicht.

Verlangt ein Arbeitnehmer wegen einer Diskriminierung eine Entschädigung nach § 15 II AGG, hat er gleich zwei Ausschlussfristen zu beachten. Zum einen muss er – genau wie in den Fällen, in denen er Schadensersatz nach § 15 I AGG verlangt – seinen Anspruch binnen einer Frist von zwei Monaten schriftlich gegenüber dem Arbeitgeber geltend machen. Darüber hinaus hat er die gesonderte Ausschlussfrist des § 61 I ArbGG zu beachten. Lässt der Arbeitnehmer auch nur eine dieser beiden Fristen verstreichen, ist er mit sämtlichen Entschädigungsansprüchen ausgeschlossen.

Schwerpunkte bei der Tenorierung:

Bei der Tenorierung ergeben sich keine Schwierigkeiten. Die Abweisung der Klage im Übrigen darf keinesfalls vergessen werden.

Weiterführende Hinweise:

- Ein prägnantes Beispiel für die Reichweite des Schwangerenschutzes bietet der Fall EuGH 27.2.2003 – C-320/01 – EzA BErzGG § 16 Nr. 6.
- Die Auswahl und die Einstellung von Arbeitnehmern unter Geltung des AGG untersuchen *Kania/Merten* ZIP 2007, 8.
- Dem Fragerecht des Arbeitgebers bei der Einstellung widmen sich *Wisskirchen/Bissels* NZA 2007, 169 sowie Schleusener/Suckow/Plum/*Suckow*, AGG, 5. Aufl. 2018, AGG § 11 Rn. 78 ff.

3. Fall:

Friedemann
Dr. Brand
Guéret

An das   **4. August 2020**
Arbeitsgericht Mönchengladbach
Hohenzollernstraße 155

41061 Mönchengladbach

Unter Bezugnahme auf meine beiliegende Vollmacht erhebe ich im Namen unseres Mandanten,

Herrn **Theophilus North,** Bylandiaweg 15, 41236 Mönchengladbach,   *A N*

Klage gegen

Herrn **Gottwalt Peter Harnisch,** Pirolstraße 9, 41189 Mönchengladbach.   *A G*

Hiermit kündige ich folgende Anträge an:

1) Der Beklagte wird verurteilt, an den Kläger einen Betrag in Höhe von 1.100 EUR zu zahlen.

2) Der Beklagte hat die Kosten des Rechtsstreits zu tragen.

Begründung:

Der Kläger steht seit dem 1. Januar 2018 bei dem Beklagten, dessen Unternehmen die Entwicklung und den Vertrieb von Computersoftware zum Gegenstand hat, in einem unbefristeten Arbeitsverhältnis als IT-Programmierer. Die arbeitsvertraglich vereinbarte Vergütung beträgt monatlich 3.750 EUR brutto.

Beweis im Bestreitensfalle: Arbeitsvertrag vom 29. Dezember 2017

Am 3. Oktober 2019 erteilte der Beklagte dem Kläger die Anweisung, bis spätestens 7. Oktober 2019 für die Datasave GmbH, eine Kundin des Beklagten in Aachen, ein Aktenverwaltungsprogramm zu erstellen. Am frühen Nachmittag des 4. Oktober 2019 meldete sich der Kläger im Büro des Beklagten und teilte diesem mit, er habe den Auftrag fertig gestellt. Der Beklagte erteilte dem Kläger für die prompte Erledigung seiner Aufgabe ein Lob und bat ihn, sich noch am selben Tage in die Geschäftsräume der Datasave GmbH in Aachen zu begeben, um das Programm auf dem dortigen Zentralrechner zu installieren und die Mitarbeiter der Datasave GmbH in den Gebrauch des Programms einzuweisen.

Beweis: Zeugnis des Herrn Medardus, Anschrift wird nachgereicht

Kanzlei: Hellerstraße 8, 41189 Mönchengladbach
Telefon: 0 21 66–56 47 49 95
Telefax: 0 21 66–56 47 49 96

Da der für Kurierfahrten zuständige Mitarbeiter des Beklagten an jenem Tage mit dem Firmenwagen eine Auslieferung nach Köln besorgte, bat der Beklagte den Kläger, für die Fahrt zur Datasave GmbH sein Privat-Kfz, amtliches Kennzeichen MG-CZ 95, zu benutzen. Der Kläger tat dies nur unter Protest. Infolge einer ungenügenden Koordination des Fahrdienstes musste der Kläger in den letzten Jahren wiederholt seinen Privatwagen für Firmenzwecke zur Verfügung stellen, ohne dass der Beklagte, wozu er von Rechts wegen verpflichtet gewesen wäre, dem Kläger eine Aufwandsentschädigung gezahlt hätte.

Beweis im Bestreitensfalle: Zeugnis des Herrn Medardus, bereits benannt

Auf dem Weg zur Datasave GmbH kam es zu einem Unfall mit Sachschaden. Der Kläger, der ein umsichtiger Fahrer ist, fuhr an der Ecke Schadowstraße/Weltigallee mit einer Geschwindigkeit von 15 km/h auf einen an der Ampel in Richtung Wickrathberg stehenden Opel Kadett auf, amtliches Kennzeichen MG-AW 701. Halter des Fahrzeugs ist Frau Irene Holm, Auf den Dämmen 11, 41189 Mönchengladbach. Dem Kläger war es nicht möglich, seinen Wagen rechtzeitig zum Stehen zu bringen, da eine leere Coladose unter dem Bremspedal die Bremswirkung erheblich minderte. Wie sich im Nachhinein herausstellte, hatte die zwölfjährige Tochter des Klägers die Dose aus Unachtsamkeit in den Fond des Wagens geworfen. Der Sachschaden am Pkw Frau Holms betrug insgesamt 2.200 EUR.

Beweis: Sabine North, Anschrift wie die des Klägers

In einem zivilrechtlichen Verfahren zwischen dem Kläger und Frau Holm vor dem Amtsgericht Mönchengladbach, in dem ein Sachverständiger das klägerische Verhalten als mittlere Fahrlässigkeit einstufte, erging am 27. November 2019 ein rechtskräftiges Versäumnisurteil gegen den Kläger, das diesen zu einer Schadensersatzleistung in Höhe von 2.200 EUR verpflichtete. Unter dem Druck der Zwangsvollstreckung kam der Kläger seinen Zahlungsverpflichtungen gegenüber Frau Holm unter dem 18. Dezember 2019 nach.

Beweis im Bestreitensfalle: Auszug des klägerischen Kontos bei der Stadtsparkasse Mönchengladbach

Mit Schreiben vom 8. Mai 2020 forderte der Prozessbevollmächtigte des Klägers den Beklagten unter Fristsetzung zum 22. Mai 2020 auf, einen Betrag in Höhe von 1.100 EUR auf das Konto des Klägers zu überweisen.

Beweis im Bestreitensfalle: Schreiben des Unterzeichnenden vom 8. Mai 2020

Einen Zahlungseingang konnte der Kläger bislang nicht verzeichnen.

Um das fortbestehende Arbeitsverhältnis mit dem Beklagten nicht über Gebühr zu belasten, verzichtet der Kläger darauf, die gesamte Vermögenseinbuße, die er im Zusammenhang mit dem Unfall erlitten hat, auf den Beklagten abzuwälzen. Die Hälfte des Schadens hat der Beklagte aus hiesiger Sicht jedoch mindestens zu tragen.

Friedemann
Rechtsanwalt

Öffentliche Sitzung des

Arbeitsgerichts Mönchengladbach

24. August 2020

Geschäftsnummer: **3 Ca 522/20**

Anwesend:

Vorsitzender: RiAG Buzzati

Ehrenamtliche Richter: Belphegor und Dawidek

Urkundsbeamter der Geschäftsstelle: Spade

In dem Rechtsstreit

Theophilus North, Bylandiaweg 15, 41236 Mönchengladbach,

– Kläger –

gegen

Gottwalt Peter Harnisch, Pirolstraße 9, 41189 Mönchengladbach

– Beklagter –

erschienen nach Aufruf der Sache:

Der Kläger mit Rechtsanwalt Friedemann.

Für den Beklagten erschien niemand.

Nach Feststellung der ordnungsgemäßen Zustellung der Klageschrift an den Beklagten und der ordnungsgemäßen Ladung des Beklagten zum heutigen Termin stellte der Klägervertreter den Antrag,

den Beklagten im Wege des Versäumnisurteils zu verurteilen, an den Kläger einen Betrag in Höhe von 1.100 EUR zu zahlen.

Nach erneutem Aufruf der Sache erschien für den Beklagten niemand.

Beschlossen und verkündet:

Im Namen des Volkes ergeht folgendes Versäumnisurteil:

1) Der Beklagte wird verurteilt, an den Kläger einen Betrag in Höhe von 1.100 EUR zu zahlen.
2) Der Beklagte hat die Kosten des Rechtsstreits zu tragen.
3) Der Wert des Streitgegenstandes wird auf 1.100 EUR festgesetzt.

Der Klägervertreter beantragte, ihm eine vollstreckbare Ausfertigung des soeben verkündeten Versäumnisurteils nebst Zustellnachweis zu erteilen.

> **Vermerk:**
>
> Das Versäumnisurteil vom 21. August 2020 wurde dem Beklagten am Samstag, dem 29. August 2020, zugestellt.

Gottwalt Peter Harnisch

Pirolstraße 9
41189 Mönchengladbach
Telefon: (0 21 66) 5 34 78 95

Mönchengladbach, den 4. September 2020

In dem Rechtsstreit

North./.Harnisch

lege ich gegen das Versäumnisurteil vom 24. August 2020 Einspruch ein und begründe diesen wie folgt:

Die klägerischen Angaben zu unserem Beschäftigungsverhältnis kann ich bestätigen. Nicht anzuschließen vermag ich mich der Auffassung des Klägers, ich hätte mich an den Kosten des Kfz-Unfalls am 4. Oktober 2019 zu beteiligen. Herr North, den ich persönlich als zuverlässigen Mitarbeiter schätze, begab sich an besagtem Tag zu meiner Kundin Datasave GmbH, um dort Arbeiten an der Datenverarbeitungsanlage vorzunehmen. Als ich Herrn North bat, die Fahrt mit seinem Privatwagen zu unternehmen, war er damit ausdrücklich einverstanden. Das kann mein Mitarbeiter Christofero Schröder bezeugen.

Ich finde es bedauerlich, dass das Amtsgericht der Klage Frau Holms, die ich persönlich nicht kenne, gegen Herrn North stattgegeben hat. Aber ich sehe nicht, was ich mit diesem Rechtsstreit zu tun haben soll.

Sollte das Gericht die Sache anders sehen, darf ich auf § 10 des Arbeitsvertrages vom 29. Dezember 2017 verweisen. Wie in allen Verträgen meiner Mitarbeiter findet sich dort eine Ausschlussbestimmung, die beide Parteien verpflichtet, ihre Ansprüche binnen einer Frist von sechs Monaten gegenüber der Gegenseite schriftlich geltend zu machen. Diese Frist hat der Kläger nicht gewahrt.

In der Hoffnung, Ihnen mit diesen Angaben gedient zu haben, verbleibe ich hochachtungsvoll

Leipold

Vermerk:

Der Schriftsatz des Beklagten ging am Montag, dem 7. September 2020, beim Arbeitsgericht Mönchengladbach ein.

Arbeitsvertrag

zwischen

Gottwalt Peter Harnisch, Pirolstraße 9, 41189 Mönchengladbach

   – im folgenden: Arbeitgeber –

und

Theophilus North, Bylandiaweg 15, 41236 Mönchengladbach,

– im folgenden: Arbeitnehmer –

§ 1 Beginn des Arbeitsverhältnisses

Arbeitsbeginn ist der 1. Januar 2018.

...

§ 10 Ausschlussfristen

Ansprüche einer Vertragspartei müssen binnen einer Ausschlussfrist von drei Monaten ab Fälligkeit gegenüber der anderen Vertragspartei schriftlich geltend gemacht werden. Andernfalls erlöschen sie mit Ablauf der Frist.

§ 11 Salvatorische Klausel

Sollte eine Bestimmung dieses Arbeitsvertrages unwirksam sein, tritt an ihre Stelle die tarifvertragliche, hilfsweise die gesetzliche Regelung.

Mönchengladbach, den 29. Dezember 2017

Öffentliche Sitzung des

Arbeitsgericht Köln

12. Oktober 2020

Geschäftsnummer: **3 Ca 522/20**

Anwesend:

Vorsitzender: RiAG Buzzati

Ehrenamtliche Richter: Belphegor und Dawidek

Urkundsbeamter der Geschäftsstelle: Frau RegAng. Angerer

In dem Rechtsstreit

Theophilus North, Bylandiaweg 15, 41236 Mönchengladbach,

– Kläger –

gegen

Gottwalt Peter Harnisch, Pirolstraße 9, 41189 Mönchengladbach

– Beklagten –

erschienen nach Aufruf der Sache:

Der Kläger mit Rechtsanwalt Friedemann

und

der Beklagte.

Der Klägervertreter stellte den Antrag,

das Versäumnisurteil vom 24. August 2020 aufrechtzuerhalten.

Der Beklagte beantragte,

das Versäumnisurteil vom 24. August 2020 aufzuheben und die Klage abzuweisen.

Die Parteien verhandelten mit diesen Anträgen streitig zur Sache. Der Klägervertreter erklärte, die in dem Arbeitsvertrag der Parteien enthaltene Ausschlussfristenregelung sei rechtsunwirksam und stehe daher dem seitens des Klägers erhobenen Anspruchs nicht entgegen.

Beschlossen und verkündet:

Eine Entscheidung soll am Schluss der Sitzung ergehen.

Vermerk für den Bearbeiter:

Eine Entscheidung ist zu entwerfen.

Lösungsvorschlag:

Ich berichte über einen Rechtsstreit, der im Jahre 2020 vor dem Arbeitsgericht Mönchengladbach anhängig war.

Kläger ist Herr Theophilus North; Beklagter ist Herr Gottwalt Peter Harnisch.

I.

Die Parteien streiten über Ersatzansprüche des Klägers gegen den Beklagten.

Der Kläger arbeitet seit dem 1. Januar 2018 für den Beklagten als IT-Programmierer gegen ein monatliches Bruttogehalt in Höhe von 3.750 EUR.

Am 4. Oktober 2018 fuhr der Kläger mit seinem Privat-Kfz auf Anweisung des Beklagten in die Geschäftsräume der Datasave GmbH, einer Kundin des Beklagten mit Geschäftssitz in Aachen, um ein von dem Kläger gefertigtes Computerprogramm auszuliefern.

Auf dem Weg zur Datasave GmbH verursachte der Kläger einen Verkehrsunfall, indem er mit geringer Geschwindigkeit auf einen vor ihm stehenden Pkw auffuhr, an dem ein Sachschaden in Höhe von insgesamt 2.200 EUR entstand. Mitursache des Unfalls war eine im Fußraum des klägerischen Pkw liegende Cola-Dose, welche die Tochter des Klägers dort hatte liegen lassen. Die Halterin des Wagens, Frau Irene Holm, erwirkte vor dem Amtsgericht Mönchengladbach gegen den Kläger ein mittlerweile rechtskräftiges Urteil, das den Kläger zur Zahlung von Schadensersatz in Höhe von 2.200 EUR verpflichtete. Unter dem 6. März 2020 zahlte der Kläger an Frau Holm einen Betrag in Höhe von 2.200 EUR.

Der Kläger ist der Ansicht, der Beklagte habe ihm die Hälfte des von ihm an Frau Holm geleisteten Schadensersatzes zu erstatten.

Antragsgemäß hat das Arbeitsgericht am 24. August 2020 gegen den Beklagten ein Versäumnisurteil erlassen, in dem der Beklagte verurteilt worden ist, an den Kläger einen Betrag in Höhe von 1.100 EUR zu zahlen. Gegen dieses Versäumnisurteil, das dem Beklagten am 29. August 2020 zugestellt worden ist, hat der Beklagte mit Schreiben vom 4. September 2020, eingegangen bei Gericht am selben Tage, Einspruch eingelegt und diesen begründet.

Der Kläger beantragt,

das Versäumnisurteil vom 24. August 2020 aufrechtzuerhalten.

Der Beklagte beantragt,

das Versäumnisurteil vom 24. August 2020 aufzuheben und die Klage abzuweisen.

Der Beklagte behauptet, der Kläger habe am 4. Oktober 2019 sein Einverständnis erklärt, für die Fahrt zur Datasave GmbH seinen Privatwagen zu benutzen. Der Beklagte vertritt die Auffassung, etwaige Ansprüche Frau Holms gegen den Kläger berührten als Drittverpflichtung des Klägers nicht das Arbeitsverhältnis der Parteien.

II.

Ich schlage vor, der Klage stattzugeben.

1. Durch den zulässigen Einspruch des Beklagten vom 4. September 2020 ist der Prozess in die Lage vor der Säumnis des Beklagten im Termin am 24. August 2020 zurückversetzt worden, § 46 II 1 ArbGG iVm §§ 495 I, 342 ZPO. Der nach § 338 ZPO statthafte Einspruch ist schriftlich, § 59 S. 2 ArbGG, und unter Beachtung der einwöchigen Einspruchsfrist, § 59 S. 1 ArbGG, bei Gericht eingelegt worden. Der letzte Tag der Einspruchsfrist fiel auf Samstag, den 5. September 2020, an dessen Stelle gem. § 46 I 2 ArbGG iVm § 222 I und II ZPO, §§ 186, 188 II BGB der nächste Werktag, hier Montag, der 7. September 2020, tritt, an dem der Beklagte die Einspruchsschrift bei Gericht angebracht hat.

2. Die Klage ist zulässig.

Für die Entscheidung der Streitsache sind die Gerichte für Arbeitssachen zuständig, § 2 I Nr. 3a ArbGG. Der Wohnsitz des Beklagten gehört zum örtlichen Zuständigkeitsbereich des Arbeitsgerichts Mönchengladbach, § 46 II 1 ArbGG iVm §§ 12, 13 ZPO.

3. Der Kläger hat gegen den Beklagten einen Zahlungsanspruch in Höhe von 1.100 EUR nach den Grundsätzen des innerbetrieblichen Schadensausgleiches. *[hs: iVm § 670 ana]*

Die Grundsätze des innerbetrieblichen Schadensausgleiches, die ihre dogmatische Wurzel im Rechtsgedanken des § 254 I BGB finden, bezwecken eine angemessene Verteilung des Haftungsrisikos zwischen Arbeitnehmer und Arbeitgeber. Da auch einem sorgfältigen Arbeitnehmer während der Erbringung seiner Arbeitsleistung Fehler unterlaufen, verlangt der Grundsatz von Treu und Glauben, den Arbeitgeber, der durch Ausübung seines Weisungsrechts die näheren Umstände der Tätigkeit des Arbeitnehmers festlegt, an dem Schadensrisiko angemessen zu beteiligen. Abhängig von dem Verschuldensgrad und den übrigen Umständen des Einzelfalles kann die Haftung des Arbeitnehmers für einen von ihm verursachten Schaden entfallen oder auf einen Teil des Schadens begrenzt sein. Während der Arbeitnehmer im Falle leichtester Fahrlässigkeit nicht haftet, ist im Falle mittlerer Fahrlässigkeit grundsätzlich von einer anteiligen Haftung des Arbeitnehmers auszugehen. Der Arbeitnehmer, der infolge betrieblicher Veranlassung einem betriebsfremden Dritten einen Schaden zufügt, hat gegen den Arbeitgeber einen Anspruch auf Freistellung, wenn bei einer fiktiven Schädigung des Arbeitgebers in ihrem Verhältnis zueinander eine quotale Haftung eingriffe. Hat der Arbeitnehmer dem Dritten vollen Schadensersatz geleistet, so kann er von dem Arbeitgeber nach dem Rechtsgedanken des § 670 BGB Ersatz verlangen, dessen Höhe der Haftungsquote des Arbeitgebers entspricht.

Unabhängig von der rechtskräftigen Entscheidung des Amtsgerichts Mönchengladbach ist der Kläger als Halter gegenüber Frau Holm gem. § 7 I StVG zum Ersatz des Schadens an deren Pkw verpflichtet. Der Auffahrunfall am 4. Oktober 2019 stellt kein unabwendbares Ereignis dar, § 8 II StVG. Die Schadenshöhe beträgt 2.200 EUR. Dass der Kläger es versäumte, sich vor Antritt der Fahrt zu versichern, dass im Fond seines Wagens keine Gegenstände liegen, ist als mittlere Fahrlässigkeit zu werten. Die Haftungsquote des Klägers ist deshalb höchstens mit fünfzig Prozent zu veranschlagen. Der hälftigen Schadenstragungspflicht des Klägers entspricht ein hälftiger Erstattungsanspruch im Verhältnis zum Beklagten. Da der Kläger Frau Holm in voller Höhe entschädigt hat, kann er den Beklagten auf Zahlung des von dem Beklagten zu tragenden Schadensteils in Höhe von 1.100 EUR in Anspruch nehmen.

Die Ausschlussfristenregelung in § 10 des die Parteien verbindenden Arbeitsvertrags vom 29. Dezember 2017 lässt den Klageanspruch unberührt. Die Klausel, eine Allgemeine Geschäftsbedingung iSd § 305 I 1 BGB, die wirksamer Bestandteil des Arbeitsvertrages der Parteien geworden ist (§ 305c BGB), ist wegen Verstoßes gegen zwingendes Gesetzesrecht unwirksam. Zum einen verstößt die Regelung gegen § 202 I BGB und § 276 III BGB, da sie die Haftung der Vertragsparteien auch bei vorsätzlichem Handeln beschränkt. Zum anderen benachteiligt die Klausel den Kläger unangemessen, § 307 I 1 BGB, da sie das in § 307 I 2 BGB enthaltene Transparenzgebot nicht beachtet. Die Regelung begründet entgegen § 3 S. 1 MiLoG auch für den Anspruch auf den gesetzlichen Mindestlohn (§ 1 I und II MiLoG), der nicht durch Rechtsgeschäft beschränkt werden kann (§ 3 S. 1 MiLoG), die Obliegenheit des Vertragspartners, den Anspruch binnen der in § 10 des Arbeitsvertrages bezeichneten Frist geltend zu machen. Sie stellt daher die Rechtslage unzutreffend und irreführend dar. Der Umstand, dass sich das Risiko, das der Beklagte durch die Schaffung einer intransparenten Klausel geschaffen hat, im Streitfall nicht verwirklicht hat – denn die Parteien streiten nicht um Mindestlohn – ist für die Frage, ob die Klausel den Anforderungen der §§ 307 ff. BGB genügt, unerheblich.

III.

Ich schlage daher folgenden Tenor vor:

Das Versäumnisurteil vom 24. August 2020 wird aufrechterhalten.

[hs. Randnotizen links: ① Verstoß gg zwingendes Gesetzesr / ② § 307 I S. 1 BGB / vg Verstoß gg § 307 I 2]

Hinweise zum Lösungsvorschlag:

Der Fall erfordert ein hohes Maß an sprachlicher Präzision, um das komplizierte Geflecht der innerbetrieblichen Haftungsverfassung in wenige prägnante Sätze zu kleiden. Der Sachverhalt mag manchen dazu verführen, dem Prüfer ohne Rücksicht auf die zeitlichen Vorgaben die dogmatischen Grundlagen, die Entwicklung und die Konsequenzen des innerbetrieblichen Schadensausgleiches darzulegen. Sobald Sie bei der Vorbereitung des Falles das Gefühl überkommt »Dazu habe ich eine Menge zu sagen!« entsinnen Sie sich des weisen aurelischen Ausspruchs: »Geh immer den kurzen Weg.«

Schwerpunkte in prozessualer Hinsicht

Der Einstieg in den Fall erfolgt über die typische und deshalb tückische Frage: Wie behandele ich den Einspruch gegen ein Versäumnisurteil? Am Anfang steht die Feststellung, welche die Vorschrift des § 342 ZPO in die schlichten Worte kleidet: »Ist der Einspruch zulässig, so wird der Prozess, soweit der Einspruch reicht, in die Lage zurückversetzt, in der er sich vor Eintritt der Versäumnis befand.« Dies im Sinn, erfolgt die Prüfung in drei Schritten:

1. Zulässigkeit des Einspruchs, insbesondere hinsichtlich
* Statthaftigkeit, § 59 S. 1 ArbGG,
* Form, § 59 S. 2 ArbGG,
* Frist, § 59 S. 1 ArbGG, deren Berechnung nach Maßgabe der § 46 II 1 ArbGG iVm § 222 I, II ZPO; §§ 186; 187 I, 188 II BGB erfolgt. Die kleine Hürde des § 193 BGB, welcher den Fristablauf von Samstag auf Montag verschiebt, sollte man gelassen nehmen.

2. Zulässigkeit der Klage

An dieser Stelle findet sich eine Fehlerquelle, aus welcher manch ein Examenskandidat unwissenderweise einen tödlichen Schluck nimmt: Hat man die Zulässigkeit des Einspruchs festgestellt, folgt **nicht** die Prüfung, ob der Einspruch begründet ist. Die einzige, aber zwingende Rechtsfolge eines zulässigen Einspruchs regelt § 342 ZPO. Durch den zulässigen Einspruch wird der Prozess in die Lage zurückversetzt, in der er sich vor Eintritt der Säumnis befand. Aus diesem Grunde ist die Prüfung wie bei einer »normalen« Klage zu gestalten: Zulässigkeit und Begründetheit. Einzige Ausnahme: Der Tenor muss dem Umstand Rechnung tragen, dass ein (vollstreckungsfähiges!) Versäumnisurteil in der Welt ist. Dies geschieht durch die Aufrechterhaltung respektive Aufhebung des Versäumnisurteils.

3. Begründetheit der Klage

Hier gibt es keine Besonderheiten zu beachten.

Schwerpunkte in materieller Hinsicht

Der innerbetriebliche Schadensausgleich ist ein beliebtes Prüfungsthema, das bei den meisten Kandidaten ein erhebliches Unbehagen verursacht. Die Grundidee hat der Große Senat des Bundesarbeitsgerichts bereits im Jahre 1957 formuliert: Der Arbeitnehmer ist aus sozialen Gründen vor einem überhöhten Haftungsrisiko zu schützen. An diesem Gedanken hat das Schuldrechtsmodernisierungsgesetz nichts geändert. Die arbeitsgerichtliche Rechtsprechung hat drei Fallkonstellationen herausgearbeitet, die sowohl für die anzuwendende Anspruchsgrundlage als auch für den Haftungsumfang unterschiedlichen Regeln folgen.

1. Schäden, die der Arbeitgeber dem Arbeitnehmer zufügt   AN →AG

Der Arbeitnehmer kann seine Ansprüche zum einen auf eine vertragliche Anspruchsgrundlage (§ 280 I BGB, die nunmehr gesetzlich geregelte frühere positive Verletzung des Arbeitsvertrages, vgl. § 618 BGB) und zum anderen auf Deliktsrecht, §§ 823 ff. BGB, stützen. Der Umfang der Haftung des Arbeitgebers ist nicht beschränkt. 1. 4104 SGB VII

2. Schäden, die der Arbeitnehmer dem Arbeitgeber zufügt AG→AN ISA

Hier liegt in der betrieblichen Praxis der Schwerpunkt der Arbeitnehmerhaftung. Anspruchsgrundlagen sind wiederum die Vorschrift des § 280 I BGB und die deliktsrechtlichen Vorschriften der §§ 823 ff. BGB. Die Haftung des Arbeitnehmers ist dem Grundsatz nach beschränkt.

3. Schäden, die der Arbeitnehmer Dritten zufügt ISA

Die Anspruchsgrundlage richtet sich nach dem Anspruchsverpflichteten. Begehrt der Arbeitgeber Ersatz des Schadens, den der Dritte ihm gegenüber geltend macht, ist die Haftung des Arbeitnehmers nach § 280 I BGB und den deliktischen Anspruchsgrundlagen zu bestimmen. Wenn hingegen der Arbeitnehmer, der einem Dritten gegenüber schadensersatzpflichtig ist, den Arbeitgeber auf Freistellung in Anspruch nimmt, sind zwei Konstellationen denkbar. Hat der Arbeitnehmer den geschädigten Dritten noch nicht befriedigt, kann der Arbeitgeber gem. § 267 I 1 BGB durch Zahlung an den Dritten die Schuld des Arbeitnehmers tilgen. Hat der Arbeitnehmer, wie in unserem Fall, dem Dritten bereits Schadensersatz geleistet, steht ihm gegen den Arbeitgeber gem. § 670 BGB analog ein Aufwendungsersatzanspruch zu, dessen Höhe sich nach dem Verschuldensgrad und den übrigen Umständen des Einzelfalles bemisst.

Nachdem mit der Ermittlung der einschlägigen Anspruchsgrundlage die erste Klippe umschifft ist, stellt sich die Frage, ob und gegebenenfalls in welcher Höhe die Haftung des Arbeitnehmers beschränkt ist.

Handelt der Arbeitnehmer schuldlos, scheidet eine Haftung im Hinblick auf das zivilrechtliche Verschuldensprinzip aus.

Ist dem Arbeitnehmer der Vorwurf fahrlässigen Verhaltens zu machen, schwankt die arbeitsgerichtliche Judikatur zwischen einer Zwei- und einer Dreiteilung. Während das Bundesarbeitsgericht zunächst ein dreistufiges Haftungsmodell entwickelte (vgl. BAG 25.9.1957 – GS 4/56 – AP RVO §§ 898, 899 Nr. 4), plädierte die überwiegende Zahl der Arbeitsgerichte in den achtziger Jahren aus Gründen der Justiziabilität für ein zweistufiges Modell (vgl. BAG 23.3.1983 – 7 AZR 391/79 – AP BGB § 611 Haftung des Arbeitnehmers Nr. 82). Später ist das Bundesarbeitsgericht zur ursprünglichen Dreiteilung zurückgekehrt (vgl. BAG 24.11.1987 – 8 AZR 524/82 – AP BGB § 611 Haftung des Arbeitnehmers Nr. 93). Im Rahmen des Aktenvortrages ist diese Entwicklung nicht zu erörtern, sondern sogleich in die dreistufige Prüfung einzusteigen. Sofern dem Arbeitnehmer leichteste Fahrlässigkeit vorzuwerfen ist, haftet der Arbeitnehmer nicht. Ist sein Verhalten als mittlere Fahrlässigkeit zu werten, ist der Haftungsanteil unter Berücksichtigung aller Umstände des Einzelfalles zu bestimmen. Aspekte, die in die Abwägung mit einfließen, sind der Verdienst des Arbeitnehmers im Vergleich zur Höhe des entstandenen Schadens, die Möglichkeit des Arbeitgebers, das Risiko zu versichern, und die seitens des Arbeitgebers erfolgte Aufklärung des Arbeitnehmers über die drohenden Gefahren. Welche Umstände in den Abwägungsvorgang einzustellen sind, lässt sich der Rechtsprechung ebenso wenig entnehmen wie die Kriterien, nach denen die Abwägung vorzunehmen ist. Mit einem Problem des innerbetrieblichen Schadensausgleiches konfrontiert, ist die Rechtsunsicherheit, die in diesem Bereich von allen Seiten bereitwillig eingeräumt wird (vgl. nur *Otto* ArbuR 1995, 72), kein Grund, den Mut sinken zu lassen. Begreifen Sie die unklare Lage als Chance. Im Zweifel können Sie darauf vertrauen, dass auch Ihre Prüfer keine Patentlösung parat haben.

Schließlich ist die im Arbeitsvertrag der Parteien verankerte Ausschlussfristenregelung einer Wirksamkeitsprüfung zu unterziehen. Sie ist – das Ergebnis ist in diesem Fall der big point – unwirksam. Und das gleich aus mehreren Gründen. Zum einen beschränkt sie die Vorsatzhaftung der Vertragsparteien, was bereits nach allgemeinem Schuldrecht unzulässig ist (§ 202 I BGB und § 276 III BGB). Ein weiterer Unwirksamkeitsgrund findet sich im AGB-Recht. Denn die Klausel ist intransparent, benachteiligt deshalb den Kläger als Vertragspartner unangemessen und erweist sich schon allein aus diesem Grund als nichtig (§ 307 I BGB). Der Clou ist der folgende: Das Gesetz zur Regelung eines allgemeinen Mindestlohns vom

16. August 2014 (MiLoG) verbietet ab dem 1. Januar 2015 jedes Rechtsgeschäft, das die Geltendmachung des in § 1 MiLoG bestimmten Mindestlohns beschränkt (§ 3 S. 1 MiLoG). Verfallsklauseln wie die in unserem Fall beschränken den gesetzlich geschützten Anspruch nicht in inhaltlicher, aber in zeitlicher Hinsicht, indem sie ihn befristen. Dadurch entsteht bei dem Vertragspartner der rechtlich unzutreffende Eindruck, er müsse auch seinen Anspruch auf Mindestlohn binnen der vertraglich bestimmten Frist geltend machen. Die Klausel ist deshalb in allen Fällen unwirksam – und das unabhängig davon, ob der Arbeitnehmer einen Anspruch auf Mindestlohn oder einen anderen Anspruch erhebt. Die Rechtsprechung kleidet diese Erkenntnis in folgende kryptisch daherkommende Worte: »Für die Beurteilung der Wirksamkeit der Ausschlussfristenregelung ist es unerheblich, ob sich das Risiko, der gesetzliche Mindestlohn werde in der Annahme, er sei ... verfallen, nicht geltend gemacht, im Entscheidungsfall realisiert hat. Die gesetzlichen Vorschriften der §§ 305 ff. BGB missbilligen bereits das Stellen inhaltlich unangemessener Formularklauseln ..., nicht erst deren unangemessenen Gebrauch im konkreten Einzelfall.« (so BAG 18.9.2018 – 9 AZR 162/18 – AP Nr. 2 zu § 3 MiLoG).

Hinweise zur Tenorierung

Bei der Tenorierung ist darauf zu achten, dass das ergangene Versäumnisurteil eine Entscheidung zur Hauptsache enthält. Bei Stattgabe der Klage ist das gegen den Beklagten ergangene Versäumnisurteil aufrechtzuerhalten, andernfalls ist es aufzuheben und die Klage abzuweisen.

> **Exkurs:** Auch die – hier nicht zu behandelnde – Kostenentscheidung ist unter Berücksichtigung des Versäumnisurteils zu treffen. Entschließen Sie sich, der Klage stattzugeben und bleibt deshalb das den Beklagten belastende Versäumnisurteil aufrechterhalten, besteht auch die Kostenentscheidung aus dem Versäumnisurteil fort. Zu entscheiden ist lediglich über die Kosten, die bislang nicht ausgeurteilt worden sind. Diese sog. weiteren Kosten werden von der Kostenentscheidung des Versäumnisurteils nicht erfasst und sind deshalb dem Beklagten gesondert aufzuerlegen. Wollen Sie die Klage abweisen und heben Sie deshalb das Versäumnisurteil gegen den Beklagten auf, ist über die Kosten des Rechtsstreits im Ganzen zu befinden. Die Kosten sind dem Kläger aufzuerlegen mit Ausnahme der Kosten, welche der Beklagte durch seine Säumnis verursacht hat, § 46 II 1 ArbGG, §§ 495 I, 344 ZPO.

Weiterführende Hinweise:

- Das Bundesarbeitsgericht hat mittlerweile mehrere Schubladen geschaffen, in die es formulararbeitsvertragliche Ausschlussklauseln einsortiert. Wer es genau wissen möchte, schaue sich BAG 18.9.2018 – 9 AZR 162/18 – AP Nr. 2 zu § 3 MiLoG (Grundfall), BAG 24.9.2019 – 9 AZR 273/18 – AP Nr. 76 zu § 307 BGB (Altverträge) und BAG 30.1.2019 – 5 AZR 43/18 – AP Nr. 75 zu § 307 BGB (Tarifvertragliche Ansprüche) an.

4. Fall:

Albert Roter
Rechtsanwalt

Lange Meile 15
10275 Berlin

An das
Arbeitsgericht Berlin
Magdeburger Platz 1

10785 Berlin

Berlin, 18. August 2020

Klage

des **Marius Koslowski**, Entlastungsstraße 31, 10186 Berlin

Prozessbevollmächtigter: Albert Roter, Lange Meile 15, 10275 Berlin

gegen

Felix Grünkern als Inhaber der Firma Grünkern Spedition und Lager, Alt-Moabit 31, 12576 Berlin

Namens und in Vollmacht des Klägers wird um alsbaldige Anberaumung eines Gütetermins gebeten und für die Verhandlung vor der Kammer der folgende Antrag angekündigt:

> **Es wird festgestellt, dass die Kündigung des Beklagten vom 14. Juli 2020, dem Kläger zugegangen am 17. Juli 2020, das Arbeitsverhältnis der Parteien nicht vor dem 31. August 2020 aufgelöst hat.**

Begründung:

Der Kläger arbeitet seit dem 1. April 2020 bei dem Beklagten als Lagerarbeiter zu einem Bruttomonatsgehalt in Höhe von 1.500 EUR. Ein schriftlicher Arbeitsvertrag wurde dem Kläger – obwohl der Beklagte hierzu verpflichtet gewesen wäre! – nicht ausgehändigt.

Nach der ordnungsgemäßen Erledigung der ihm übertragenen Arbeiten begab sich der Kläger am 14. Juli 2020 zu einer seit längerem geplanten – im Übrigen mit dem Beklagten terminlich abgesprochenen – Kurbehandlung.

Mit Schreiben vom 14. Juli 2020, in den Briefkasten des klägerischen Einfamilienhauses am 17. Juli 2020 eingeworfen, kündigte der Beklagte das Arbeitsverhältnis.

Beweis: Kündigungsschreiben vom 14. Juli 2020, Anlage K 1

Gleichzeitig erhielt der Kläger eine Kopie der An- und Abmeldung zur Sozialversicherung. Als Abmeldungszeitpunkt war dort der 14. Juli 2020 ausgewiesen. Ebenso übersandte der Beklagte dem Kläger eine Gehaltsabrechnung für den Monat Juli 2020, die lediglich den Zeitraum vom 1. bis 14. Juli 2020 umfasst.

Beweis: Im Bestreitensfalle Vorlage der An- und Abmeldung zur Sozialversicherung sowie der Gehaltsabrechnung 7/20 in Kopie

Die Kündigung, der sich nicht entnehmen lässt, ob es sich bei ihr um eine ordentliche oder um eine außerordentliche handelt, traf den Kläger wie ein Blitz aus heiterem Himmel. Falls es sich um eine ordentliche Kündigung handeln sollte, hätte die Kündigungsfrist von einem Monat zum Monatsende eingehalten werden müssen.

A. Roter

Rechtsanwalt

Anlage K 1

Firma Grünkern Spedition und Lager

Inhaber Felix Grünkern

Alt-Moabit 31
12576 Berlin

Herrn Marius Koslowski
Entlastungsstraße 31

10186 Berlin

Berlin, den 14. Juli 2020

Sehr geehrter Herr Koslowski,

innerhalb der Probezeit kündige ich hiermit das Arbeitsverhältnis. Gleichzeitig übersende ich Ihnen die Arbeitspapiere, bestehend aus der Lohnsteuerkarte 2020, der An- und Abmeldung zur Sozialversicherung sowie der Abrechnung für Juli unter Berücksichtigung der Urlaubstage.

Mit freundlichen Grüßen

(Felix Grünkern)

Kaufmann & Partner, Rechtsanwälte

Sophienstraße 168
10455 Berlin

An das
Arbeitsgericht Berlin
Magdeburger Platz 1

10785 Berlin

Berlin, 25. August 2020

In Sachen Koslowski./.Grünkern

Az.: 2 Ca 1645/20

melden wir uns für den Beklagten und werden beantragen,

die Klage abzuweisen.

Gründe:

Die Kündigung vom 14. Juli 2020 ist wirksam. Der Kläger ist mehrfach unentschuldigt nicht zur Arbeit erschienen. Bereits am 18. Juni 2020 kam er nicht zum Arbeitsplatz. Da der Kläger, als ihn der Beklagte am 19. Juni 2020 auf sein Fernbleiben ansprach, keine Erklärung vorbringen konnte, wies ihn der Beklagte im Beisein des Mitarbeiters Holzapfel darauf hin, dass er, der Kläger, mit einer fristlosen Kündigung seines Arbeitsverhältnisses rechnen müsse, wenn er nochmals unentschuldigt nicht zur Arbeit erscheine.

Beweis: Zeugnis des Alexander Holzapfel, zu laden über den Beklagten

Diese Abmahnung zeitigte – wie der Beklagte feststellen musste – nicht die erhoffte Wirkung. Denn auch am 13. Juli 2020 erschien der Kläger nicht zur Arbeit, obwohl seine Kur, wie er selbst vorträgt, erst am 14. Juli 2020 begann.

Der Beklagte konnte also nur mit der in der Abmahnung bereits angekündigten fristlosen Kündigung reagieren. Der neuerliche Pflichtenverstoß ist besonders grob, denn der Kläger hat sich die drei Wochen zuvor ausgesprochene Abmahnung nicht zur Warnung dienen lassen. Obwohl er um die möglichen Konsequenzen eines nochmaligen Verstoßes wusste, glaubte er, seinen Arbeitsplatz leichtfertig aufs Spiel setzen zu können.

Das Kündigungsschreiben enthält nur deshalb keinen ausdrücklichen Hinweis auf die Fristlosigkeit, da der Beklagte davon ausging, er könne das Arbeitsverhältnis innerhalb der mündlich vereinbarten Probezeit ohne Einhaltung irgendwelcher Kündigungsfristen unproblematisch auflösen. Ein ausdrücklicher Hinweis war zudem nicht erforderlich, da sämtliche mitübersandten Arbeitspapiere als Ende des Arbeitsverhältnisses den 14. Juli 2020 ausweisen. Vom Empfängerhorizont her konnte deshalb überhaupt kein Zweifel daran bestehen, dass der Beklagte das Arbeitsverhältnis ohne Einhaltung einer Kündigungsfrist kündigen wollte.

Selbst wenn die fristlose Kündigung nicht wirksam sein sollte, endet das Arbeitsverhältnis spätestens am 31. Juli 2017, da die Kündigung innerhalb der vertraglich vereinbarten Probezeit ausgesprochen worden ist.

Rechtsanwalt

Öffentliche Sitzung des Arbeitsgerichts

Geschäfts-Nr.: 2 Ca 1645/20

Berlin, den 13. Oktober 2020

Anwesend:

Vorsitzende: RiArbG Kandenbrook

Ehrenamtliche Richter: Tamara Bernstorff und Jochen Gottberg

Auf die Hinzuziehung einer Protokollführerin wird gem. § 159 I ZPO verzichtet

In dem Rechtsstreit

des **Marius Koslowski,** Entlastungsstraße 31, 10186 Berlin

Kläger

Prozessbevollmächtigter: Rechtsanwalt Albert Roter, Berlin

gegen

Felix Grünkern als Inhaber der Firma Grünkern Spedition und Lager,

Alt-Moabit 31, 12576 Berlin

Beklagter

Prozessbevollmächtigter: Rechtsanwälte Kaufmann pp

erschienen nach Aufruf der Sache

1. der Kläger mit Rechtsanwalt Roter
2. der Beklagte mit Rechtsanwalt Kaufmann

Der Klägervertreter beantragt,

> festzustellen, dass die Kündigung des Beklagten vom 14. Juli 2020, dem Kläger zugegangen am 17. Juli 2020, das Arbeitsverhältnis der Parteien nicht vor dem 31. August 2020 aufgelöst hat.

Der Beklagtenvertreter beantragt,

> die Klage abzuweisen.

Vorgespielt und genehmigt.

Der Beklagte erklärt, mit dem Kläger sei eine Probezeit vereinbart worden. Eine konkrete Dauer sei zwar nicht verabredet worden, er gehe aber davon aus, dass sechs Monate das Übliche seien.

Der Vortrag des Beklagten, er, der Kläger, habe am 13. Juli 2020 nicht gearbeitet, sei falsch. Er sei pünktlich an seinem Arbeitsplatz gewesen und dort am Abend von seiner Freundin Katja Lingner abgeholt worden. Er wisse das deshalb so genau, weil er sich zuvor für den 13. Juli 2020 um Urlaub bemüht habe, um rechtzeitig zu der am nächsten Tag beginnenden Kur anreisen zu können. Der Beklagte habe dies – sehr zu seinem Ärger – abgelehnt.

Beschlossen und verkündet:

Eine Entscheidung ergeht am Ende der Sitzung

(Richterin)

(RegAng. Rakete)
(Für die Richtigkeit der Übertragung)

Vermerk für den Bearbeiter:

Es ist die arbeitsgerichtliche Entscheidung zu entwerfen.

Die am 18. August 2020 bei Gericht eingegangene Klage ist dem Beklagten am 21. August 2020 zugestellt worden.

Eine Güteverhandlung am 11. September 2020 blieb ohne Erfolg.

Lösungsvorschlag:

Ich berichte über einen Rechtsstreit, der im Jahr 2020 vor dem Arbeitsgericht Berlin anhängig war. Kläger ist Herr Marius Koslowski. Beklagter ist Herr Felix Grünkern als Inhaber einer Firma für Spedition und Lagerung in Berlin.

I.

Die Parteien streiten um die Wirksamkeit einer Kündigung.

Der Kläger war aufgrund eines mündlichen Arbeitsvertrages seit dem 1. April 2020 bei dem Beklagten zu einem Bruttomonatsgehalt in Höhe von 1.500 EUR als Lagerarbeiter beschäftigt. Die Parteien vereinbarten eine Probezeit. Am 18. Juni 2020 erschien der Kläger ohne Entschuldigung nicht zur Arbeit, woraufhin der Beklagte ihn am 19. Juni 2020 unter Hinweis auf eine fristlose Kündigung im Wiederholungsfalle abmahnte. Am 14. Juli 2020 trat der Kläger eine Kur an.

In der Meinung, während der vertraglich vereinbarten Probezeit eine Kündigungsfrist nicht einhalten zu müssen, kündigte der Beklagte das Arbeitsverhältnis mit Schreiben vom 14. Juli 2020, das dem Kläger am 17. Juli 2020 zuging. Mit dem Kündigungsschreiben, das einen Hinweis auf die Probezeit enthält, übersandte der Beklagte dem Kläger die An- und Abmeldung zur Sozialversicherung, die als Abmeldedatum den 14. Juli 2020 ausweist, sowie eine Lohnabrechnung für den Zeitraum vom 1. bis zum 14. Juli 2020.

Die am 18. August 2020 bei Gericht eingegangene Klage ist dem Beklagten am 21. August 2020 zugestellt worden.

Der Kläger vertritt die Auffassung, die Kündigung sei nicht als außerordentliche Kündigung zu werten, da der Beklagte nicht hinreichend deutlich gemacht habe, dass er das Arbeitsverhältnis ohne Einhaltung einer Frist habe kündigen wollen. Seine Arbeitsleistung habe er bis einschließlich 13. Juli 2020 ordnungsgemäß erbracht. Falls der Beklagte eine ordentliche Kündigung beabsichtigt habe, sei diese nur unter Einhaltung einer einmonatigen Frist zum Monatsende möglich, da die vereinbarte Probezeit zum Zeitpunkt des Zugangs der Kündigungserklärung bereits abgelaufen gewesen sei.

Er beantragt

festzustellen, dass die Kündigung des Beklagten vom 14. Juli 2020, ihm am 17. Juli 2020 zugegangen, das Arbeitsverhältnis der Parteien nicht vor dem 31. August 2020 aufgelöst hat.

Der Beklagte beantragt,

die Klage abzuweisen.

Der Beklagte trägt vor, ihm stehe ein zur außerordentlichen Kündigung berechtigender Grund zur Seite. Der Kläger sei am 13. Juli 2020 ohne Entschuldigung nicht zur Arbeit erschienen, obwohl er infolge der Abmahnung vom 19. Juni 2020 gewusst habe, dass er, der Beklagte, weitere Verfehlungen des Klägers mit einer fristlosen Kündigung ahnden werde. Schon die übersandten Arbeitspapiere, die als Beendigungsdatum den 14. Juli 2020 auswiesen, ließen nur den Schluss zu, dass er eine fristlose Kündigung beabsichtigt habe. Da eine Probezeit üblicherweise sechs Monate dauere, habe das Arbeitsverhältnis spätestens am 31. Juli 2020 sein Ende gefunden.

II.

Ich schlage vor, der Klage teilweise stattzugeben und sie im Übrigen abzuweisen.

1. Die Klage ist zulässig. Die Gerichte für Arbeitssachen sind gem. § 2 I Nr. 3b ArbGG zur Entscheidung des Rechtsstreits berufen. Die örtliche Zuständigkeit des Arbeitsgerichts Berlin

ergibt sich aus § 46 II ArbGG iVm § 17 ZPO. Das gem. § 46 II ArbGG iVm §§ 495 I, 256 ZPO erforderliche Feststellungsinteresse liegt vor, da der Kläger den Endzeitpunkt seines Arbeitsverhältnisses einer gerichtlichen Klärung zuführen will.

2. Die Klage ist zum Teil begründet; im Übrigen ist sie abzuweisen. Das Arbeitsverhältnis endete nicht mit Zugang des Kündigungsschreibens beim Kläger am 17. Juli 2020, sondern erst am 15. August 2020.

a) Das Arbeitsverhältnis der Parteien wurde nicht durch eine außerordentliche Kündigung beendet. Es fehlt bereits an einer entsprechenden Kündigungserklärung des Beklagten.

Aus diesem Grunde kann es dahinstehen, ob der Kläger am 13. Juli 2020 der Arbeit fernblieb und auf diese Weise die ihm obliegenden Pflichten in derart schwerwiegender Weise verletzte, dass ein wichtiger Grund zur Kündigung iSd § 626 I BGB vorliegt.

Denn die Erklärung des Beklagten ist nicht als außerordentliche Kündigung auszulegen. Will der Arbeitgeber ein Arbeitsverhältnis ohne Einhaltung einer Frist kündigen, muss er dies mit Rücksicht auf die einschneidenden Konsequenzen für den Arbeitnehmer unmissverständlich zum Ausdruck bringen. Dies kann ausdrücklich oder aber konkludent erfolgen. Für den Erklärungsempfänger muss ohne Zweifel feststehen, dass der Arbeitgeber eine außerordentliche Kündigung gewollt hat. Tritt dieser Geschäftswille nicht hinreichend deutlich hervor, darf der Arbeitnehmer als Empfänger der Erklärung davon ausgehen, dass der Arbeitgeber eine ordentliche Kündigung erklären wollte.

Vorliegend hat der Beklagte seine Absicht, das Arbeitsverhältnis mit dem Kläger fristlos zu kündigen, nicht hinreichend deutlich zum Ausdruck gebracht. Die von dem Beklagten gewollte Fristlosigkeit hat in dem Wortlaut der Erklärung keinen Niederschlag gefunden. Auch die Umstände des Einzelfalles lassen den Schluss auf einen entsprechenden Willen des Beklagten nicht zu. Der Hinweis des Beklagten auf die Probezeit rechtfertigt es nicht, eine auf die fristlose Beendigung des Arbeitsverhältnisses zielende Kündigungserklärung anzunehmen. Die Kündigung in der Probezeit ist kein Unterfall der außerordentlichen Kündigung, sondern eine ordentliche Kündigung mit nach § 622 III BGB abgekürzten Fristen. Der Rechtsirrtum des Beklagten, in der Probezeit sei der Arbeitgeber zur Kündigung ohne Einhaltung einer Frist berechtigt, geht zu seinen Lasten. Aus den dem Kündigungsschreiben beigefügten Arbeitspapieren folgt nichts anderes. Der Umstand, dass die Bescheinigung über die Abmeldung bei der Sozialversicherung als Beendigungsdatum den 14. Juli 2020 ausweist und die Lohnabrechnung lediglich den Zeitraum vom 1. bis zum 14. Juli 2020 erfasst, ist nicht hinreichend, um eine § 626 I BGB entsprechende Kündigungserklärung anzunehmen. Die Arbeitspapiere spiegeln lediglich den Irrtum des Beklagten wider, er sei in der Probezeit an Kündigungsfristen nicht gebunden.

b) Das Arbeitsverhältnis der Parteien endete infolge einer ordentlichen Kündigung des Beklagten. Diese ist rechtswirksam, ohne dass es eines Kündigungsgrundes iSv § 1 II KSchG bedurfte. Der Kläger, der erst mit Wirkung zum 1. April 2020 in die Dienste des Beklagten trat, hatte zum Zeitpunkt des Zugangs der Kündigung am 17. Juli 2020 die Wartezeit gem. § 1 I KSchG noch nicht erfüllt.

2. Die Kündigung des Beklagten löste das Arbeitsverhältnis der Parteien mit Ablauf des 15. August 2020 auf. Soweit der Kläger die Feststellung begehrt, dass das Arbeitsverhältnis darüber hinaus bestanden habe, ist die Klage abzuweisen.

a) Die in § 622 I BGB festgelegte Grundkündigungsfrist beträgt vier Wochen zum Fünfzehnten oder zum Ende eines Kalendermonats. Die verlängerten Kündigungsfristen des § 622 II 1 BGB finden aufgrund der geringen Beschäftigungsdauer keine Anwendung. Gleiches gilt entgegen der Auffassung des Beklagten für die zweiwöchige Kündigungsfrist während einer vereinbarten Probezeit, § 622 III BGB. Nach dem Vortrag des darlegungs- und beweisbelasteten Beklagten vereinbarten die Parteien eine Probezeit, ohne ihre zeitliche Länge zu bestimmen. Ausweislich des Wortlauts des § 622 III BGB (»längstens für die Dauer von sechs Monaten«) sind die Parteien frei, eine Probezeit von einem Tag bis zu sechs Monaten zu vereinbaren. Selbst wenn man zugunsten des Beklagten davon ausgeht, dass in der betrieblichen Praxis die

Mehrzahl der Probezeiten sechs Monate betragen, reicht dieser Umstand nicht hin, eine entsprechende rechtsgeschäftliche Einigung zwischen den Parteien anzunehmen.

b) Die Kündigungsfrist, die gem. § 186 BGB nach Maßgabe der §§ 187 ff. BGB zu berechnen ist, lief am Tage nach dem Zugang des Kündigungsschreibens bei dem Kläger, § 187 I BGB, und endete am 15. August 2020, §§ 188 I, 622 I BGB.

3. Der Umstand, dass der Kläger die Klageschrift erst einen knappen Monat nach dem Zugang der Kündigung bei Gericht angebracht hat, steht dem teilweisen Klageerfolg nicht entgegen. Die dreiwöchige Klagefrist des § 13 III, IV 1 KSchG findet auf eine Klage, mit der ein Arbeitnehmer nicht die Wirksamkeit einer Kündigung angreift, sondern lediglich die Einhaltung der Kündigungsfrist begehrt, keine Anwendung.

III.

Im Ergebnis schlage ich daher folgenden Tenor vor:

Es wird festgestellt, dass die Kündigung des Beklagten vom 14. Juli 2017, dem Kläger am 17. Juli 2020 zugegangen, das Arbeitsverhältnis der Parteien nicht vor dem 15. August 2020 aufgelöst hat.

Im Übrigen wird die Klage abgewiesen.

Hinweise zum Lösungsvorschlag:

Der Aktenvortrag ist als leicht zu bewerten. Da der Aktenauszug, was den Umfang anbelangt, übersichtlich ist, bietet sich die Gelegenheit, entsprechend mehr Zeit auf die gedankliche Gliederung des Vortrages und eine sorgfältige Subsumtion des Sachverhalts unter die einschlägigen Vorschriften zu verwenden.

Sachverhaltsdarstellung

Das Aktenmaterial ist dürftig, die Darstellung des Sachverhalts darf – in umfänglicher Hinsicht – ebenso sein. Von dem Zeitpolster, das sich der Prüfungskandidat im ersten Teil des Vortrages, dem Sachbericht, anlegt, vermag er im zweiten Teil, der rechtlichen Würdigung, zu zehren.

Schwerpunkte in prozessualer Hinsicht

Nach der Nennung des einschlägigen Rechtswegs ist die örtliche Zuständigkeit des angegangenen Gerichts zweckmäßigerweise unter Rückgriff auf § 21 ZPO zu begründen, da lediglich der Sitz der Einzelfirma des Beklagten bekannt ist.

Das bei Kündigungsverfahren üblicherweise unproblematische Feststellungsinteresse folgt in diesem Fall nicht aus der Fiktionswirkung der §§ 4, 7 KSchG, da der Kläger nicht, wie § 13 III KSchG voraussetzt, die Wirksamkeit der Kündigung infrage stellt, sondern sein Rechtsschutzbegehren auf die Einhaltung der gesetzlichen Kündigungsfrist beschränkt. Um die Zulässigkeitsprüfung nicht mit Erwägungen zu § 13 KSchG zu befrachten, genügt es festzustellen, dass der Kläger ein anerkennenswertes Interesse daran hat, die von dem Beklagten behauptete Kündigungsfrist durch die Gerichte für Arbeitssachen überprüfen zu lassen.

Schwerpunkte in materieller Hinsicht

Die Erklärung des Beklagten ist sorgfältig, dh unter Berücksichtigung des Wortlautes und der Begleitumstände auszulegen. Die Sachverhaltshinweise sind der Reihe nach anzusprechen (also die Verwendung des Wortes »Probezeit« in der Kündigung sowie die Übersendung der Arbeitspapiere mit dem dort ausgewiesenen Enddatum) und ihrem rechtlichen Gehalt nach zu würdigen. Wohlgefälliges Nicken der Prüfer darf erwartet werden, wenn man die von dem Beklagten erklärte Kündigung während der Probezeit dogmatisch korrekt als ordentliche Kündigung mit verkürzter Kündigungsfrist einordnet.

Entgegen dem allgemein Üblichen liegt der inhaltliche Schwerpunkt des Vortrages nicht auf dem Grund für die Kündigung, sondern auf deren Rechtsfolgen. Die von den Parteien in den Schriftsätzen angesprochenen Kündigungsfristen des § 622 BGB sind deshalb ausführlich zu erörtern.

Die Frage, ob der Kläger infolge einer verspäteten Klageerhebung gehindert ist, die Einhaltung der Kündigungsfrist erfolgreich zu rügen, gibt dem Kandidaten die Gelegenheit, ein vertieftes Verständnis der novellierten Vorschrift des § 13 III KSchG zu demonstrieren. Derartige Gelegenheiten wollen genutzt sein!

Mit einiger Wahrscheinlichkeit werden die Prüfer die sich anschließende Prüfung mit einem kleinen Exkurs in das Nachweisgesetz beginnen. Der Klägervertreter hat in der Klageschrift angemerkt, dass für den Beklagten eine Verpflichtung zur Erteilung eines schriftlichen Arbeitsvertrags bestanden habe. Die Pflicht zur schriftlichen Niederlegung der Arbeitsbedingungen folgt aus § 2 des Nachweisgesetzes vom 20. Juli 1995.

Hinweise zur Tenorierung

Der Kläger begehrt die Feststellung, dass das Arbeitsverhältnis der Parteien nicht vor dem 31. August 2020 endet. Da die Kündigung des Beklagten das Arbeitsverhältnis bereits mit Ablauf des 15. August 2020 auflöst, bleibt der Urteilstenor hinter dem Klageziel zurück. Aus diesem Grunde ist nach der Feststellung des Beendigungsdatums die Klage im Übrigen abzuweisen.

Weiterführende Hinweise:

- Siehe bezüglich des Feststellungsinteresses nach § 256 ZPO sowie hinsichtlich der örtlichen Zuständigkeit die weiterführenden Hinweise zu Fall 10.
- Zur Eindeutigkeit einer fristlosen Kündigungserklärung vgl. die richtungsweisende Entscheidung des Bundesarbeitsgerichts aus dem Jahre 1982, BAG NJW 1983, 303 = EzA BGB § 626 nF Nr. 81.

5. Fall:

Rechtsanwältin Korngold

An der Aue 40
80135 München

An das
Arbeitsgericht München
Residenzstraße 115

80355 München

München, 18. August 2020

Klage

des **Gregor Ritter,** Blumenweg 38, 80575 München

gegen

Ansgar Mut als Inhaber der Firma Mut Mauerwerk, An der Isar 5, 81363 München

Es wird um Anberaumung eines Gütetermins gebeten. Folgende Anträge werden angekündigt:

1. Es wird festgestellt, dass das Arbeitsverhältnis der Parteien durch die Kündigungen des Beklagten vom 7. August 2020 nicht aufgelöst worden ist. *KSchK*
2. Der Beklagte wird verurteilt, an den Kläger 2.400 EUR brutto nebst Zinsen in Höhe von 5 Prozentpunkten über dem Basiszinssatz seit dem 16. August 2020 zu zahlen. *Zinsen*

obj KH

Gründe:

Der 35-jährige Kläger ist seit dem 1. Februar 2018 bei dem Beklagten als Maurer mit einer regelmäßigen Wochenarbeitszeit im Umfang von 40 Stunden beschäftigt. Der monatliche Bruttolohn beträgt 2.400 EUR.

Der Beklagte beschäftigt neben dem Kläger noch acht weitere Maurer, zwei Auszubildende und eine kaufmännische Angestellte. Am Freitag, dem 7. August 2020, hat der Kläger seine Arbeit auf der Baustelle Isarbrücke ordnungsgemäß verrichtet. Zum Arbeitsschluss gegen 15.00 Uhr erschien der Beklagte auf der Baustelle und untersuchte die durch den Kläger soeben fertiggestellte Mauer. Ohne erkennbaren Anlass begann er daraufhin, den Kläger anzuschreien, dieser habe »ja mal wieder völligen Schund abgeliefert«. Er kündige das Arbeitsverhältnis hiermit zum nächstmöglichen Termin. Am darauffolgenden Freitag, dem 14. August 2020, erhielt der Kläger per Post die Kündigung zum 28. August 2020 in schriftlicher Form ohne weitere Angabe von Gründen.

Beweis: Im Bestreitensfalle Vorlage des Kündigungsschreibens vom 7. August 2020, Anlage K 1

Die am 7. August 2020 erklärte mündliche Kündigung ist mangels Einhaltung der gesetzlich vorgeschriebenen Form unwirksam. Für die schriftliche Kündigung liegen keine verhaltens-, personen- oder betriebsbedingten Kündigungsgründe vor. Zu einer etwaigen vorgenommenen Sozialauswahl mag der Beklagte vortragen. Im Gegensatz zu den Kollegen Schulz und Wienke, die nur geringfügig länger beschäftigt und auch nicht nennenswert älter sind, hat der Kläger zwei Unterhaltspflichten zu erfüllen.

Daneben wird die Nichteinhaltung der Kündigungsfrist gerügt. Die zwischen den Parteien vereinbarte Probezeit von drei Monaten war bereits abgelaufen, sodass eine zweiwöchige Kündigungsfrist nach § 622 III BGB nicht mehr infrage kommt. Vielmehr wäre nach § 622 I BGB die Frist von vier Wochen zum 15. oder Monatsende einzuhalten gewesen.

Den Lohn für Juli 2020 hat der Beklagte trotz Fälligkeit bisher nicht zur Auszahlung gebracht. Der Zinsanspruch ergibt sich aus den Verzugsregelungen.

Rechtsanwältin

Rechtsanwalt Dr. König

An das
Arbeitsgericht München
Residenzstraße 115

80355 München

München, den 25. August 2020

In Sachen Ritter ./. Mut

2 Ca 768/20

bestelle ich mich für den Beklagten und werde namens und im Auftrag des Beklagten beantragen,

die Klage abzuweisen.

Begründung:

Die dem Kläger mündlich und schriftlich ausgesprochene Kündigung vom 7. August 2020 ist wirksam. Das Kündigungsschutzgesetz findet auf das Arbeitsverhältnis der Parteien keine Anwendung, da der Beklagte neben dem Kläger lediglich acht weitere Maurer in Vollzeit, einen Maurer im Umfang von 20 Wochenstunden und eine kaufmännische Angestellte im Umfang von 15 Wochenstunden beschäftigt. Die Kündigung bedarf daher keiner sozialen Rechtfertigung iSd § 1 KSchG.

Die Kündigungsfrist ist gewahrt. Sie ergibt sich aus § 12 des Bundesrahmentarifvertrags für das Baugewerbe in der gültigen Fassung. Dieser findet auf das Arbeitsverhältnis Anwendung, da der Beklagte bereits seit zwölf Jahren Mitglied des Bauindustrieverbandes Bayern ist.

Bezüglich des geltend gemachten Lohnanspruches wird ausdrücklich Aufrechnung erklärt. Der Beklagte hat einen Anspruch gegen den Kläger auf Zahlung eines Betrages in Höhe von 200 EUR. Der Kläger sollte am 17. März 2020 auf der Baustelle Steinweg eine Mauer verputzen. Durch falsches Anrühren der Verputzmasse bröckelte diese bereits drei Tage später wieder vollständig aus den Fugen und brachte die Mauer zum Teil zum Einstürzen. Zu Recht nahm der Bauherr, Herr Selting, die Mauer in dieser Form nicht ab. Da sämtliche Mitarbeiter für die Folgewochen auf den termingerecht zu beendenden Baustellen eingeplant waren, musste der Beklagte einen Facharbeiter einer Drittfirma beauftragen, die Mauer fertig zu stellen. Dieser berechnete mit Rechnung vom 27. März 2020 für seine achtstündige Tätigkeit insgesamt 200 EUR.

Beweis: Bei Bestreiten Vorlage der Rechnung des Maurermeisters Eckert im Termin

Da der Kläger diesen Schaden grob fahrlässig verursacht hat, ist er dem Beklagten gegenüber zum Ersatz verpflichtet.

Köni
Rechtsanwalt

Lange Straße 88
81557 München

Rechtsanwältin Korngold
An der Aue 40
80135 München

An das
Arbeitsgericht München
Residenzstraße 115

80355 München

München, 18. September 2020

In Sachen Ritter ./. Mut

2 Ca 768/20

soll auf den Schriftsatz des Beklagten, mir zugestellt am 28. August 2020, in der gebotenen Kürze erwidert werden.

Für den Schaden vom 17. März 2020 ist der Kläger nicht verantwortlich. Der Kollege Wienke hatte ihm zur Anmischung des Verputzzements einen Sack mit viel zu grobkörnigem Mischsand hingestellt. Auf das an dem Sandsack angebrachte Etikett mit dem Hinweis »Grobkorn-Mischsand für Unterbau« hat der Kläger, der die Arbeiten unter Zeitdruck verrichten musste, nicht geachtet. Das Versehen des Klägers ist allenfalls als leichte Fahrlässigkeit zu werten, sodass zugunsten des Klägers die anerkannte Haftungsbegrenzung im Arbeitsrecht eingreift.

Zudem nimmt es wunder, dass der Beklagte das vorliegende Kündigungsschutzverfahren dazu benutzt, den vom März datierenden Schaden auf das Tapet zu bringen. Der Kläger hat durch den Beklagtenschriftsatz vom 25. August 2020 erstmals von dem Schaden Kenntnis erlangt. Das ist zu spät.

Öffentliche Sitzung des Arbeitsgerichts

Geschäfts-Nr.: 2 Ca 768/20

München, den 9. Oktober 2020

Anwesend:

Vorsitzender:	RiArbG Dr. Wronski
Ehrenamtliche Richter:	Anja Jasper und Ralf Wegelin
Urkundsbeamtin der Geschäftsstelle:	RegAng. Linger

In dem Rechtsstreit

Gregor Ritter, Blumenweg 38, 80575 München

– Kläger –

Prozessbevollmächtigte: RA Korngold, München

gegen

Ansgar Mut als Inhaber der Firma Mut Mauerwerk,

An der Isar 5, 81363 München

– Beklagter –

Prozessbevollmächtigter: RA Dr. König, München

erschienen nach Aufruf der Sache

1. der Kläger und Rechtsanwältin Korngold
2. der Beklagte und Rechtsanwalt Dr. König

Die Klägervertreterin stellt die Anträge aus der Klagschrift vom 18. August 2020.

Der Beklagtenvertreter beantragt, die Klage abzuweisen.

Vorgelesen und genehmigt.

Der Kläger erklärt, er sei nicht Mitglied einer Gewerkschaft. Wann seine Kollegen in den Dienst des Beklagten getreten seien, entziehe sich seiner Kenntnis.

Der Beklagte erklärt, er habe die Rechnung des Maurermeisters Eckert am 1. April 2020 per Post erhalten.

Die Sach- und Rechtslage wird ausführlich, unter Würdigung sämtlicher sachlicher und rechtlicher Gesichtspunkte erörtert.

Beschlossen und verkündet:

Eine Entscheidung ergeht am Ende des Sitzungstages.

(Dr. Wronski)   (Linger)

Vermerk für den Bearbeiter:

Es ist die arbeitsgerichtliche Entscheidung zu entwerfen.

Die Klage, am 21. August 2020 bei Gericht eingegangen, ist dem Beklagten am 25. August 2020 zugestellt worden.

Eine erfolglose Güteverhandlung fand am 4. September 2020 statt.

Der in Bezug genommene Bundesrahmentarifvertrag für das Baugewerbe (BRTV) ist in der gültigen Fassung gem. § 5 TVG für allgemeinverbindlich erklärt worden. Der Betrieb des Beklagten unterfällt als Maurerbetrieb dem sachlichen Anwendungsbereich.

Auszug aus dem BRTV:

§ 12
Beendigung des Arbeitsverhältnisses

1. Kündigungsfristen
1.1 **Allgemeine Kündigungsfrist**

Das Arbeitsverhältnis kann beiderseitig unter Einhaltung einer Frist von 6 Werktagen, nach sechsmonatiger Dauer von zwölf Werktagen gekündigt werden.

1.2 **Verlängerte Kündigungsfrist für ältere Arbeitnehmer mit längerer Betriebszugehörigkeitszeit**

Die Kündigungsfrist für den Arbeitgeber erhöht sich, wenn das Arbeitsverhältnis in demselben Betrieb oder Unternehmen

– drei Jahre bestanden hat, auf 1 Monat zum Monatsende

…

§ 5
Fälligkeit

[…]

7.2 Der Lohn wird spätestens am 15. des Monats fällig, der auf den Monat folgt, für den er zu zahlen ist.

[…]

§ 16
Ausschlussfristen

1. Alle beiderseitigen Ansprüche aus dem Arbeitsverhältnis und solche, die mit dem Arbeitsverhältnis in Verbindung stehen, verfallen, wenn sie nicht innerhalb von 2 Monaten nach Fälligkeit gegenüber der anderen Vertragspartei schriftlich erhoben werden.

2. Lehnt die Gegenpartei den Anspruch ab oder erklärt sie sich nicht innerhalb von zwei Wochen nach der Geltendmachung des Anspruchs, so verfällt dieser, wenn er nicht innerhalb von 2 Monaten nach der Ablehnung oder dem Fristablauf gerichtlich geltend gemacht wird.

August 2020
1 Sa
2 So
3 Mo
4 Di
5 Mi
6 Do
7 Fr
8 Sa
9 So
10 Mo
11 Di
12 Mi
13 Do
14 Fr
15 Sa
16 So
17 Mo
18 Di
19 Mi
20 Do
21 Fr
22 Sa
23 So
24 Mo
25 Di
26 Mi
27 Do
28 Fr
29 Sa
30 So
31 Mo

Lösungsvorschlag:

Ich berichte über einen Rechtsstreit, den das Arbeitsgericht München im Jahr 2020 entschieden hat. Kläger ist Herr Gregor Ritter. Beklagter ist Herr Ansgar Mut, der in München eine Einzelfirma betreibt.

I.

Die Parteien streiten um die Wirksamkeit einer Kündigung sowie um die Verpflichtung des Beklagten zur Lohnzahlung.

Der Beklagte, der Mitglied im Bauindustrieverband Bayern ist, beschäftigte den Kläger, der gewerkschaftlich nicht gebunden ist, seit dem 1. Februar 2018 als Maurer. Die vertraglich vereinbarte Probezeit endete am 30. April 2018. Der Bruttomonatslohn des Klägers, den der Beklagte am 15. des Folgemonats zahlte, betrug im Rahmen einer 40-Stunden-Woche 2.400 EUR. Außer dem Kläger arbeiteten in dem Maurerbetrieb des Beklagten acht Maurer in Vollzeit, ein Maurer mit 20 Stunden in der Woche, eine kaufmännische Angestellte mit 15 Wochenstunden sowie zwei Auszubildende.

Am 17. März 2020 verputzte der Kläger eine Mauer mit ungeeignetem Fugenmaterial, das der Kläger einem Sack mit der Aufschrift »Grobkorn-Mischsand für Unterbau« entnahm. Infolge hiervon bröckelt der Putz ab, was der Beklagte zum Anlass nahm, eine Drittfirma mit der Neuerstellung des Putzes zu beauftragen. Die Drittfirma stellte dem Beklagten unter dem 27. März 2020 einen Betrag in Höhe von 200 EUR in Rechnung. Das Schreiben ging dem Beklagten am 1. April 2020 zu.

Am 7. August 2020 erschien der Beklagte auf der Baustelle und kündigte mündlich das Arbeitsverhältnis mit dem Kläger. Ein vom 7. August 2020 datierendes Schreiben, in dem der Beklagte die Kündigung zum 28. August 2020 erklärte, erhielt der Kläger per Post am 14. August 2020.

In einem Schriftsatz, der dem klägerischen Prozessbevollmächtigten am 28. August 2020 zugestellt wurde, erklärte der Beklagte mit dem in der Rechnung vom 27. März 2020 ausgewiesenen Betrag die Aufrechnung gegen den noch offenen Lohnanspruch des Klägers für den Monat Juli 2020.

Der Kläger ist der Auffassung, die mündliche Kündigung sei formnichtig, die schriftliche mangels Kündigungsgrundes iSd § 1 II KSchG unwirksam. Zudem sei die Kündigungsfrist nicht eingehalten. Außerhalb der vereinbarten Probezeit richte sich die Kündigungsfrist nach § 622 I BGB. Den Putzschaden, den der Beklagte ihm gegenüber verspätet geltend mache, habe er allenfalls leicht fahrlässig verursacht.

Der Kläger beantragt,

1. festzustellen, dass das Arbeitsverhältnis der Parteien durch die Kündigungen des Beklagten vom 7. August 2020 nicht aufgelöst worden ist, und

2. den Beklagten zu verurteilen, an ihn 2.400 EUR brutto nebst Zinsen in Höhe von fünf Prozentpunkten über dem Basiszinssatz seit dem 16. August 2020 zu zahlen

Der Beklagte beantragt,

die Klage abzuweisen.

Der Beklagte ist der Ansicht, die Wirksamkeit der Kündigung hänge nicht davon ab, ob ein Kündigungsgrund vorliege. Die Kündigungsfrist bestimme sich nach § 12 des Baurahmentarifvertrages, dessen Regelungen kraft Organisationszugehörigkeit für das Arbeitsverhältnis der Parteien Geltung beanspruchten. Der Kläger habe den Schaden am Mauerputz grob fahrlässig verursacht mit der Folge, dass er, der Kläger, ihm gegenüber zur vollständigen Erstattung des Rechnungsbetrages in Höhe von 200 EUR verpflichtet sei.

II.

Ich schlage vor, der Klage teilweise stattzugeben und sie im Übrigen abzuweisen.

1. Die Klage ist zulässig.

Der Rechtsweg vor die Gerichte für Arbeitssachen ist hinsichtlich des Bestandsstreits gem. § 2 I Nr. 3b ArbGG und hinsichtlich des Zahlungsantrages gem. § 2 I Nr. 3a ArbGG eröffnet. Im Hinblick auf den in München befindlichen Betriebssitz folgt die örtliche Zuständigkeit des Arbeitsgerichts aus § 46 II 1 ArbGG iVm § 21 ZPO. Das für den Klageantrag zu 1) gem. § 46 II 1 ArbGG iVm §§ 495 I, 256 ZPO erforderliche Feststellungsinteresse folgt aus der Rechtsfolgenanordnung der §§ 4 S. 1, 7 KSchG. Diese Vorschriften finden unabhängig von der Anzahl der Beschäftigten in dem Betrieb des Beklagten auf das Arbeitsverhältnis der Parteien Anwendung, § 13 III KSchG. Die objektive Häufung der Klageansprüche ist gem. § 46 II 1 ArbGG iVm §§ 495 I, 260 ZPO zulässig.

2. Der Klageantrag zu 1) ist unbegründet und war daher abzuweisen.

a) Die Kündigung des Beklagten hat das Arbeitsverhältnis der Parteien unabhängig vom Vorliegen eines Kündigungsgrundes iSd § 1 II KSchG aufgelöst.

aa) Allerdings scheitert die am 7. August 2020 dem Kläger gegenüber mündlich ausgesprochene Kündigung am Schriftformerfordernis des § 623 BGB.

bb) Das Arbeitsverhältnis ist aber durch die schriftlich erklärte Kündigung vom 7. August 2020 beendet worden.

Zwar erfüllt der Kläger, der seit dem 1. Februar 2018 bei dem Beklagten beschäftigt war, die Wartezeit nach § 1 I KSchG; der Betrieb des Beklagten unterfällt jedoch der Kleinbetriebsklausel des § 23 I KSchG, da der Beklagte nicht mehr als zehn Arbeitnehmer ausschließlich der Auszubildenden beschäftigt.

Der Betrieb des Beklagten hat insgesamt zwölf Mitarbeiter. Gemäß § 23 I 4 KSchG ist sowohl der mit 20 Wochenstunden beschäftigte Maurer als auch die kaufmännische Angestellte, deren regelmäßige Wochenarbeitszeit 15 Stunden beträgt, mit je 0,5 in Ansatz zu bringen. Die beiden Auszubildenden bleiben bei der Berechnung der Beschäftigtenzahl außer Betracht. Die Anzahl von lediglich zehn Arbeitnehmern eröffnet den Anwendungsbereich der kündigungsschutzrechtlichen Vorschriften nicht, da nicht **mehr** als zehn Arbeitnehmer für den Beklagten tätig sind.

b) Die Kündigung erfolgte fristgemäß. Die zweiwöchige Kündigungsfrist folgt nicht aus § 622 III BGB, da die von den Parteien vereinbarte Probezeit bereits verstrichen ist. Die Frist bestimmt sich nach § 12 Nr. 1.1. des Bundesrahmentarifvertrages für das Baugewerbe (BRTV) und beträgt zwölf Werktage.

Der Tarifvertrag findet auf das Arbeitsverhältnis der Parteien Anwendung. Der Betrieb des Beklagten unterfällt als Maurerbetrieb dem sachlichen Anwendungsbereich des BRTV. Die gem. § 3 I TVG bestehende Tarifgebundenheit des Beklagten, der Mitglied im Bauindustrieverband Bayern ist und damit einer Tarifvertragspartei iSd § 2 I TVG angehört, ist für die Anwendung des BRTV nicht hinreichend, da der Kläger nicht Gewerkschaftsmitglied und damit nicht tarifgebunden ist. Ein Tarifvertrag kann abgesehen von den in § 3 II TVG genannten Betriebsnormen kraft Organisationszugehörigkeit nur in den Fällen auf ein Arbeitsverhältnis einwirken, in denen beide Arbeitsvertragsparteien tarifgebunden sind.

Der BRTV findet vorliegend Anwendung, da er gem. § 5 TVG für allgemeinverbindlich erklärt worden ist. Gemäß § 5 IV TVG erfassen die Tarifnormen eines allgemeinverbindlichen Tarifvertrages auch die bisher nicht gebundenen Arbeitnehmer, zu denen der Kläger gehört.

Der Grundsatz, dem zufolge gesetzliche Bestimmungen tarifvertraglichen Bestimmungen vorgehen, vermag eine abweichende Beurteilung nicht zu rechtfertigen. Die grundsätzlich durch das Günstigkeitsprinzip des § 4 III TVG bestimmte Rangfolge gilt gem. § 622 IV 1 BGB nicht im Verhältnis zwischen gesetzlichen und tarifvertraglichen Kündigungsfristen.

Der Kläger ist für den Beklagten länger als sechs Monate, aber weniger als drei Jahre tätig. Die Kündigungsfrist von zwölf Werktagen lief am Tag nach dem Zugang der Kündigung, §§ 186, 187 II BGB, und endete mit dem Ablauf des 28. August 2020, § 188 I BGB. Der Begriff der Werktage meint die Wochentage Montag bis Samstag. Der Zeitraum vom 15. August 2020, dem Fristbeginn, und dem 28. August 2020, dem Fristende, umfasst zwölf Werktage.

3. Der von dem Kläger mit dem Klageantrag zu 2) erhobene Zahlungsanspruch ist begründet.

Der Kläger hat gem. § 611 BGB in Verbindung mit dem Arbeitsvertrag gegen den Beklagten einen Anspruch auf Zahlung eines Bruttobetrages in Höhe von 2.400 EUR. Der Beklagte ist seiner Zahlungsverpflichtung, die bis zum 15. August 2020 zu erfüllen war, nicht nachgekommen, obwohl der Kläger seine Arbeitsleistung erbracht hat.

Die in § 16 Nr. 1 BRTV normierte Ausschlussfrist, welche das Gericht von Amts wegen zu prüfen hat, steht dem Anspruch des Klägers nicht entgegen. Seinen am 15. August 2020 fälligen Anspruch hat der Kläger mit Zustellung der Klageschrift an den Beklagten am 25. August 2020 und damit innerhalb der tarifvertraglich bestimmten Zweimonatsfrist dem Beklagten gegenüber geltend gemacht.

Die von dem Beklagten erklärte Aufrechnung lässt den Anspruch des Klägers unberührt. Da eine etwaige Schadensersatzforderung des Beklagten gegen den Kläger gem. § 16 Nr. 1 BRTV verfallen ist, ist es für die Entscheidung des Rechtsstreits ohne Bedeutung, ob der Kläger einen Schaden überhaupt in haftungsrechtlich relevanter Weise verursacht hat. Der Beklagte hat den Anspruch nicht innerhalb der zweimonatigen Ausschlussfrist gegenüber dem Kläger geltend gemacht. Der Anspruch des Beklagten war spätestens am 1. April 2020 fällig, da der Beklagte zu diesem Zeitpunkt sowohl von dem Schaden als auch von der Verursachung durch den Kläger als auch von der Höhe des Schadens Kenntnis hatte. Obwohl der Beklagte mit dem Zugang der Rechnung der beauftragten Drittfirma am 1. April 2020 wusste, dass der Kläger durch die unsachgemäße Verwendung von grobkörnigem Sand einen Schaden in Höhe von 200 EUR verursacht hatte, machte er seinen auf den Ersatz dieses Schadens gerichteten Anspruch nicht innerhalb der am 1. Juni 2020 auslaufenden Ausschlussfrist, sondern erst mit dem Schriftsatz seines Prozessbevollmächtigten vom 25. August 2020 und damit verfristet gegenüber dem Kläger schriftlich geltend.

Der Zinsanspruch folgt aus § 288 BGB iVm § 286 I 1, II Nr. 1 BGB. Die Arbeitsvergütung war gem. § 5 Nr. 7.2 BRTV am 15. August 2020 fällig, sodass sich der Beklagte ab dem Folgetage, dem 16. August 2020, mit der Lohnzahlung in Verzug befindet. Der Kläger ist berechtigt, von dem Beklagten Zinsen auf den Bruttobetrag zu verlangen.

III.

Ich schlage daher den folgenden Tenor vor:

Der Beklagte wird verurteilt, an den Kläger 2.400 EUR brutto nebst Zinsen in Höhe von fünf Prozentpunkten über dem Basiszinssatz seit dem 16. August 2020 zu zahlen.

Im Übrigen wird die Klage abgewiesen.

Hinweise zum Lösungsvorschlag:

Der Aktenvortrag ist, wenn auch nicht leicht, so doch mit soliden arbeitsrechtlichen Kenntnissen zu bewältigen. Schwierigkeiten bereiten allenfalls die Bestimmungen des Baurahmentarifvertrages. Ob und inwieweit dessen Bestimmungen auf das Arbeitsverhältnis der Parteien einwirken, lässt sich nur beantworten, wenn man die grundlegenden Mechanismen des Tarifvertragsgesetzes kennt. Bei sorgfältiger Lektüre des Gesetzestextes sind die Probleme ohne übermäßige Anstrengung lösbar.

Sachverhaltsdarstellung

Das überschaubare Aktenmaterial ermöglicht eine knappe Darstellung. Ein Hinweis auf die mit der Klagschrift gerügte Sozialauswahl ist entbehrlich, da die Kündigung des Beklagten nicht am Maßstab des Kündigungsschutzgesetzes zu messen ist. Die Anzahl der im Betrieb des Beklagten Beschäftigen ist zwischen den Parteien – entgegen dem ersten Anschein – unstreitig. Der Vortrag des Klägers, der Beklagte beschäftige zehn Arbeitnehmer, rechtfertigt es nicht, die Voraussetzungen des § 23 I KSchG als erfüllt anzunehmen. Nicht die Anzahl der Arbeitnehmer, sondern der Umfang der Beschäftigung der Arbeitnehmer entscheidet darüber, ob in einem Betrieb das Kündigungsschutzgesetz zur Anwendung kommt. Zu dem Beschäftigungsumfang macht der Kläger keine Angaben. Der Vortrag des Beklagten, unter seinen Mitarbeitern befänden sich zwei Teilzeitkräfte, ergänzt den klägerischen Vortrag, ohne ihm zu widersprechen.

Es ist ratsam, auf eine breite Erörterung des Schadenshergangs zu verzichten, da sich eine materielle Prüfung des Schadensersatzanspruches des Beklagten im Hinblick auf die tarifvertragliche Ausschlussfrist erübrigt.

Schwerpunkte in prozessualer Hinsicht

Der Rechtsweg bereitet keine Probleme. Bei der Bestimmung der örtlichen Zuständigkeit ist auf den besonderen Gerichtsstand des § 21 ZPO abzustellen, da der nach §§ 12, 13 ZPO zuständigkeitsbegründende Wohnsitz des Beklagten nicht bekannt ist.

Obwohl der Kläger keinen Kündigungsschutz genießt, ist das Feststellungsinteresse iSd § 256 I ZPO unter Rückgriff auf §§ 4, 7 KSchG zu begründen. Denn auch Arbeitnehmern, deren Arbeitsverhältnis nicht dem Schutz des § 1 KSchG unterfällt, obliegt es, die Unwirksamkeit einer Kündigung binnen der in § 4 KSchG bestimmten Dreiwochenfrist geltend zu machen, § 13 III KSchG.

Schwerpunkte in materieller Hinsicht

Zunächst reicht ein kurzer Hinweis auf das Schriftformerfordernis einer Kündigung und damit die Unwirksamkeit der mündlich erklärten Kündigung unter Hinweis auf § 623 BGB völlig aus.

Im Rahmen der Prüfung des Feststellungsantrages ist der Sachverhalt sorgfältig unter die Regelung des § 23 I KSchG zu subsumieren. Die Voraussetzung, dass mehr als zehn Arbeitnehmer dem Betrieb angehören müssen, um die Schwelle des § 23 KSchG zu überschreiten, liegt hier nicht vor, obwohl der Beklagte zu mehr als zehn Mitarbeitern arbeitsrechtliche Beziehungen unterhält.

Merke: Der § 23 KSchG zugrundeliegende Begriff des Arbeitnehmers differenziert nach dem Beschäftigungsumfang!

Eine kurze Anmerkung zu dem rechtlich nicht erheblichen Einwand des Klägers, die vertragliche Probezeit sei bereits abgelaufen, eröffnet die Prüfung der in § 12 BRTV bestimmten Kündigungsfristen. Die von dem Sachverhalt eröffnete Gelegenheit, die Folgen einer einseitigen Tarifbindung des Arbeitgebers (»Geltung nur der Betriebs-, nicht der Inhaltsnormen«)

darzustellen, sollte man nicht ungenutzt verstreichen lassen, denn die Beherrschung der §§ 2 und 3 TVG sichert dem Kandidaten mit hoher Wahrscheinlichkeit Lob und Anerkennung der arbeitsrechtlich weniger versierten Prüfer. Das Wesen der Allgemeinverbindlichkeit, das § 5 TVG enthüllt, kann mit einem knappen Satz umrissen werden: »Allgemeinverbindlichkeit ersetzt die fehlende Tarifbindung einer Arbeitsvertragspartei.« Der kurze Hinweis auf die Vorschrift des § 622 IV BGB, die entgegen § 4 III TVG eine Verkürzung der gesetzlichen Kündigungsfristen durch einen Tarifvertrag zulässt, demonstriert die sichere Beherrschung der arbeitsrechtlichen Normenhierarchie. Wer einen Sonderpunkt erhaschen will, kann sich hier noch knapp über Art. 3 GG verbreiten und darstellen, dass die Verkürzung der Kündigungsfristen und damit die Ungleichbehandlung gegenüber Arbeitnehmern, auf die der Tarifvertrag nicht anzuwenden ist, auf sachlichen und damit rechtfertigenden Gründen beruht. Bei der Berechnung der Kündigungsfrist, die 12 Werktage beträgt, ist auf den möglichen Unterschied zwischen Arbeitstagen – im Modellfall einer Fünf-Tage-Woche die Tage Montag bis Freitag – und Werktagen – in Anlehnung an § 3 II BUrlG die Tage, die nicht Sonn- oder Feiertage sind, also die Wochentage Montag bis einschließlich Samstag – einzugehen.

Hinsichtlich des Zahlungsantrags und des sich anschließenden Zinsantrags spielt die Fälligkeit des Anspruchs eine Rolle. Gemäß der in § 614 BGB formulierten gesetzlichen Regel ist der Lohnanspruch eines Arbeitnehmers gegen den Arbeitgeber mit dem Ablauf des letzten Tages des Lohnabrechnungszeitraumes fällig. In der Praxis wird der Lohn monatlich abgerechnet und ausgezahlt, sodass von einer Fälligkeit des Lohnes um 24.00 Uhr des Monatsletzten auszugehen ist. Hier tritt die Fälligkeit aufgrund der tarifvertraglichen Bestimmung des § 5 Nr. 7.2 BRTV nicht am Monatsletzten, sondern am 15. des Folgemonats ein. Das Ergebnis, der Vorrang der tarifvertraglichen vor der – nicht tarifdispositiven! – gesetzlichen Regelung, ist mit dem Günstigkeitsprinzip des § 4 III TVG vereinbar, ohne dass es der Arbeitsrechtswissenschaft bislang gelungen wäre, eine dogmatisch befriedigende Lösung hierfür zu finden.

Die tarifvertraglichen Ausschlussfristen entbinden den Kandidaten von einer inhaltlichen Auseinandersetzung mit dem von dem Beklagten ins Feld geführten Schadensersatzanspruch. Die Fälligkeit des Gegenanspruches im Zeitpunkt der Kenntnis des Schadens, seiner Verursachung durch den Kläger und der Schadenshöhe muss genau bestimmt werden, um zu dem Ergebnis zu kommen, dass die Geltendmachung mit dem Erwiderungsschriftsatz des Beklagtenvertreters verfristet ist.

Beachte: Ist die Geltendmachungsfrist noch nicht verstrichen, erfüllt der Anspruchsinhaber mit der Klageerhebung respektive mit der vor Gericht erklärten Aufrechnung sowohl die erste als auch die zweite Geltendmachungsstufe iSd § 16 BRTV. Zu beachten ist, dass die erste Hürde, dh die schriftliche Geltendmachung gegenüber dem Schuldner, erst übersprungen ist, wenn ein entsprechender Schriftsatz der Gegenseite zugestellt worden ist. Nicht bei der ersten, sondern nur bei der zweiten Stufe, der gerichtlichen Geltendmachung, reicht der Eingang bei Gericht zur Fristwahrung aus, § 159 I 2 ZPO.

Der Arbeitnehmer ist bis zu dem Nachweis des Arbeitgebers, dass er die Sozialabgaben abgeführt hat, berechtigt, den Lohn als Bruttolohn einzuklagen. Dies ist in vielen Fällen im Hinblick auf die zivilprozessualen Bestimmtheitserfordernisse unerlässlich. Wenn der Arbeitgeber keine Abrechnung erstellt hat, ist es dem Arbeitnehmer oftmals nicht möglich, den Nettobetrag, also den Bruttobetrag abzüglich der zu entrichtenden Steuern und abzuführenden Sozialabgaben, zu bestimmen. Ein Antrag, »den sich aus 2.400 EUR brutto ergebenden Nettobetrag zu zahlen«, dürfte den Anforderungen des § 253 ZPO nicht genügen.

Die Zinsen nach §§ 284, 288 BGB kann der Kläger gemäß der Entscheidung des Großen Senats des BAG vom 7. März 2001 auf den Bruttobetrag verlangen.

Hinweise zur Tenorierung

Es ergaben sich keine Schwierigkeiten. Die Abweisung im Übrigen darf nicht vergessen werden.

Weiterführende Hinweise:

- Die Allgemeinverbindlichkeit von Tarifverträgen und deren Wirkung bespricht NK-TVG/*Lakies*, Nomos Kommentar TVG, 4. Aufl. 2016, § 5 Rn. 189 ff.
- Die Ausschlussfristen im Arbeitsrecht untersucht ErfK/*Preis*, Erfurter Kommentar zum Arbeitsrecht, 20. Aufl. 2020, BGB § 218 Rn. 32 ff.

6. Fall:

Arbeitsgericht Düsseldorf
Rechtsantragsstelle

Dienstgebäude

Ludwig-Erhard-Allee 21
40227 Düsseldorf

Telefon: (02 11) 77 70–0
Telefax: (02 11) 77 70–2 99

Düsseldorf, den 25. Januar 2021

Ich,

Claire Zachanassian, Mörsenbroicher Weg 28, 40470 Düsseldorf,

beantrage gegen

Herrn **Franz Biberkopf,** handelnd unter der Firma Betten Biberkopf, Wohnanschrift: Schadowstraße 17, 40245 Düsseldorf,

ensu vfg

im Wege der einstweiligen Verfügung:

> Es wird festgestellt, dass das Berufsausbildungsverhältnis der Parteien durch die fristlose Kündigung des Antragsgegners vom 8. Januar 2021 nicht beendet worden ist.

Begründung:

Seit dem 1. August 2019 stehe ich bei dem Antragsgegner in einem Berufsausbildungsverhältnis zur Einzelhandelskauffrau. Meine monatliche Ausbildungsvergütung beträgt 400,00 EUR brutto.

Mit Schreiben vom 8. Januar 2021, das mir am selben Tage in den Geschäftsräumen des Antragsgegners durch den Filialleiter übergeben worden ist, kündigte der Antragsgegner mein Ausbildungsverhältnis außerordentlich fristlos.

Glaubhaftmachung: Kündigungsschreiben des Antragsgegners vom 8. Januar 2021, Anlage K 1

Der Antragsgegner war zur Kündigung nicht berechtigt. Da ich in der nächsten Woche, am 5. Februar 2021, meine Zwischenprüfung vor der Industrie- und Handelskammer Düsseldorf ablegen soll, bin ich darauf angewiesen, dass der Bestand meines Ausbildungsverhältnisses ohne zeitliche Verzögerung festgestellt wird.

Glaubhaftmachung: Einladungsschreiben der Industrie- und Handelskammer Düsseldorf zur Zwischenprüfung vom 18. Dezember 2020, Anlage K 2

Sofern das Gericht nicht im Beschlusswege zu entscheiden gewillt ist, bitte ich um die möglichst zeitnahe Anberaumung eines Verhandlungstermins.

Betten Biberkopf

Inhaber: Franz Biberkopf
Schadowstraße 17, 40245 Düsseldorf
Tel. 02 11–36 47 59–0

Düsseldorf, den 8. Januar 2021

Fristlose Kündigung unseres Ausbildungsverhältnisses

Sehr geehrte Frau Zachanassian,

den Ausbildungsvertrag mit Ihnen kündige ich fristlos. Folgende Gründe, die ich Ihnen im Rahmen unseres Gespräches am 4. Januar 2021 bereits erläutert habe, bewegen mich zu diesem Schritt, den ich zutiefst bedauere, aber für unausweichlich halte:

Am 4. Januar 2021 gegen 10.15 Uhr führten Sie mit Herrn Roquentin in unserer Oberkasseler Filiale in der Schulstraße 8 ein Verkaufsgespräch. Als sich Herr Roquentin zum Kauf einer Matratze »Bella Trauma«, 220 cm mal 140 cm, zum Preis von 150,00 EUR entschloss, geleiteten Sie ihn zur Kasse. Sie kassierten von Herrn Roquentin den Kaufpreis, ohne eine Buchung in der Kasse vorzunehmen. Das Geld legten sie nicht in die Lade der Kasse, sondern steckten es, nachdem Herr Roquentin das Geschäft verlassen hatte, in ihren Schminkkoffer. Als unsere Filialleiterin, Frau Käthe Elvers, Sie auf den von ihr beobachteten Vorfall ansprach, räumten Sie unumwunden den Versuch ein, das Geld zu unterschlagen. Ihre Entschuldigung kann ich ebenso wenig akzeptieren wie ihre Erklärung, Sie hätten das Geld für ein Geburtstagsgeschenk Ihres Verlobten gebraucht.

Ihre Papiere werden Ihnen in den nächsten Tagen zugesandt.

Hochachtungsvoll

Biberkopf

Anlage K 2

Industrie- und Handelskammer Düsseldorf

Königsallee 37, 40245 Düsseldorf
Tel. 02 11–36 47 78–0

Düsseldorf, den 18. Dezember 2020

Zwischenprüfung am 5. Februar 2021

Sehr geehrte Frau Zachanassian,

ich freue mich, Ihnen mitteilen zu dürfen, dass Ihre Zwischenprüfung im Ausbildungsgang »Einzelhandel« auf Montag, den 5. Februar 2021, festgesetzt worden ist. Bitte finden Sie sich um 9.30 Uhr in Raum 211 der IHK Düsseldorf, Dienstgebäude Königsallee, ein.

Ein gutes Gelingen wünscht Ihnen

Betten Biberkopf

Inhaber: Franz Biberkopf
Schadowstraße 17, 40245 Düsseldorf
Tel. 02 11–36 47 59–0

Düsseldorf, den 27. Januar 2018

Im einstweiligen Verfügungsverfahren

Zachanassian gegen **Biberkopf**

möchte ich zur Vorbereitung der auf Freitag, den 29. Januar 2021, anberaumten Sitzung dem Gericht Folgendes zur Kenntnis geben.

Seit dem 1. August 2019 bilde ich Frau Zachanassian zur Einzelhandelskauffrau aus. Ihre Leistungen lagen bislang durchaus im Durchschnitt. Umso enttäuschter bin ich, dass ich das Ausbildungsverhältnis mit ihr beenden musste. Dem liegt ein Vorfall vom 4. Januar 2021 zugrunde:

An besagtem Tage besuchte einer unserer besten Kunden, Herr Roquentin, unser Geschäft in Oberkassel. Herr Roquentin ließ sich von Frau Zachanassian über ein Sonderangebot informieren, die 220 cm mal 140 cm große Matratze »Bella Trauma«, die wir in diesem Monat zu einem Preis in Höhe von 150 EUR anbieten. Herr Roquentin wollte die Matratze für seine Nichte kaufen und ging mit Frau Zachanassian in den Kassenbereich. Frau Zachanassian kassierte zwar das Geld, unterließ es jedoch, den Betrag zu bonnieren. Nachdem sie Herrn Roquentin hinausgeleitet hatte, nahm sie den Einhundert-EUR-Schein und den Fünfzig-EUR-Schein zu sich und verstaute sie in einem kleinen Koffer, den sie morgens mit in das Geschäft gebracht hatte. Frau Zachanassian gab ihre Verfehlung zu. An dem Ausbildungsverhältnis kann ich unmöglich länger festhalten. Als Einzelhändler bin ich darauf angewiesen, dass meine Angestellten nicht unerlaubt in die Kasse greifen. Die Kündigung habe ich mit Schreiben vom 8. Januar 2021 ausgesprochen, das sich bereits bei den Akten befindet.

Sie können sich vorstellen, wie erstaunt ich bin, dass Frau Zachanassian nunmehr mit einem gerichtlichen Antrag gegen mich vorgeht.

Öffentliche Sitzung

des Arbeitsgerichts Düsseldorf

am 29. Januar 2021

Geschäftsnummer: 8 Ga 14/21

An der Sitzung nahmen teil

als Vorsitzender: RiArbG Tartarin

als ehrenamtliche Richter: Herr Breugnon und Herr Shandy

**als Urkundsbeamtin
der Geschäftsstelle:**   Frau Briest

In dem einstweiligen Verfügungsverfahren

Frau **Claire Zachanassian,** Mörsenbroicher Weg 28, 40470 Düsseldorf,

– Verfügungsklägerin –

gegen

Herrn **Franz Biberkopf,** handelnd unter der Firma Betten Biberkopf,

Wohnanschrift: Schadowstraße 17, 40245 Düsseldorf,

– Verfügungsbeklagter –

erschienen nach Aufruf der Sache die Verfügungsklägerin und der Verfügungsbeklagte.

Die Verfügungsklägerin stellte den Antrag

festzustellen, dass das Berufsausbildungsverhältnis der Parteien durch die fristlose Kündigung des Verfügungsbeklagten vom 8. Januar 2021 nicht beendet worden ist.

Der Verfügungsbeklagte beantragte,

die Klage abzuweisen.

Die Verfügungsklägerin erklärte: »Ich räume ein, dass ich die einhundertfünfzig Euro für mich behalten wollte. Mein Verhalten, das ich von Herzen bereue, kann ich mir nur so erklären, dass ich meinem Verlobten, der sich mittlerweile von mir getrennt hat, unbedingt ein Geburtstagsgeschenk kaufen wollte. Dennoch halte ich an meinem Antrag fest, denn ich bin im dritten Monat schwanger.«

Auf Nachfragen des Gerichts erklärte der Verfügungsbeklagte: »Das mit der Schwangerschaft höre ich heute zum ersten Mal. Aber auch Schwangere dürfen sich nicht alles erlauben. Als 22-Jährige hätte sie wissen müssen, dass ich mir einen dreisten Diebstahl nicht gefallen lasse.«

Auf Nachfragen des Gerichts erklärte die Verfügungsklägerin: »Meine Schwangerschaft habe ich erst jetzt offenbart, weil es mir peinlich ist, ein uneheliches Kind zu bekommen. Obwohl ich meinem Verlobten schon vor zwei Monaten erklärt habe, dass ich ein Kind von ihm erwarte, lehnt er es ab, sich mit mir zu versöhnen.«

Beschlossen und verkündet:

Eine Entscheidung soll am Schluss der Sitzung ergehen.

Vermerk für den Bearbeiter:

Eine Entscheidung ist zu entwerfen. Über die Verfahrenskosten ist nicht zu befinden.

Das Gericht ordnete mit Beschluss vom 25. Januar 2021 unter Verkürzung der Ladungsfrist auf vierundzwanzig Stunden die Durchführung einer mündlichen Verhandlung an. Die Antragsschrift wurde dem Verfügungsbeklagten am 26. Januar 2021 zugestellt.

Einen Schlichtungsausschuss für Streitigkeiten zwischen Ausbildern und Auszubildenden hat die Industrie- und Handelskammer Düsseldorf nicht gebildet.

Lösungsvorschlag:

Ich berichte über ein einstweiliges Verfügungsverfahren, das im Jahre 2021 vor dem Arbeitsgericht Düsseldorf anhängig war.

Verfügungsklägerin ist die Auszubildende Frau Claire Zachanassian; Verfügungsbeklagter ist Herr Franz Biberkopf, der Inhaber eines Bettengeschäftes.

I.

Die Parteien streiten über die Wirksamkeit einer fristlosen Kündigung.

Die Verfügungsklägerin steht seit dem 1. August 2019 bei dem Verfügungsbeklagten in einem Berufsausbildungsverhältnis zur Einzelhandelskauffrau. Die monatliche Ausbildungsvergütung beträgt 400 EUR brutto.

Am 4. Januar 2021 kassierte die Verfügungsklägerin von einem Kunden des Verfügungsbeklagten 150 EUR und steckte die Geldscheine, ohne den Betrag ordnungsgemäß zu buchen, in eine ihr gehörende Tasche, um von dem Geld ein Geburtstagsgeschenk für ihren Verlobten zu kaufen.

Mit Schreiben vom 8. Januar 2021, das der Verfügungsklägerin am selben Tage zuging, kündigte der Verfügungsbeklagte das Ausbildungsverhältnis außerordentlich fristlos. Zu diesem Zeitpunkt war die Verfügungsklägerin schwanger, ohne dass der Verfügungsbeklagte hiervon Kenntnis hatte.

Die Verfügungsklägerin offenbarte ihre Schwangerschaft gegenüber dem Verfügungsbeklagten erst in der mündlichen Verhandlung am 29. Januar 2021, da sie sich schämte, ein uneheliches Kind zu erwarten.

Am 5. Februar 2021 ist die Zwischenprüfung der Verfügungsklägerin vor der Industrie- und Handelskammer Düsseldorf anberaumt.

Die Verfügungsklägerin ist der Ansicht, der durch das Mutterschutzgesetz verbürgte Kündigungsschutz habe die Unwirksamkeit der streitgegenständlichen Kündigung zur Folge.

Die Verfügungsklägerin beantragt,

festzustellen, dass das Berufsausbildungsverhältnis der Parteien durch die fristlose Kündigung des Verfügungsbeklagten vom 8. Januar 2021 nicht beendet worden ist.

Der Verfügungsbeklagte beantragt,

die Klage abzuweisen.

Der Verfügungsbeklagte ist der Ansicht, ihm stehe ein wichtiger Grund zur fristlosen Kündigung des Ausbildungsverhältnisses zur Seite. Ein Kündigungsverbot zugunsten der Verfügungsklägerin greife nicht ein.

II.

Ich schlage vor, den Antrag zurückzuweisen.

1. Der Antrag auf Erlass einer einstweiligen Verfügung ist zulässig.

Der Rechtsstreit ist von den Gerichten für Arbeitssachen zu entscheiden. Streitigkeiten zwischen Arbeitnehmern und Arbeitgebern über das Bestehen eines Arbeitsverhältnisses sind den Arbeitsgerichten zur Entscheidung zugewiesen, vgl. § 2 I Nr. 3b ArbGG. Berufsausbildungsverhältnisse sind Arbeitsverhältnisse im Sinne der Vorschrift. Das Arbeitsgericht Düsseldorf ist zur Entscheidung örtlich zuständig, § 62 II 1 ArbGG iVm §§ 12, 13 I, 937 I ZPO. In örtlicher Hinsicht zuständig ist das Arbeitsgericht, bei dem entweder die Hauptsache anhängig ist oder bei dem der mit der einstweiligen Verfügung verfolgte Anspruch anhängig zu machen wäre. Die Verfügungsklägerin hat ein rechtliches Interesse daran, den Bestand ihres Ausbildungsverhältnisses gerichtlich feststellen zu lassen, § 62 II 1 ArbGG iVm §§ 495, 256 I ZPO, da es ihr obliegt, die Unwirksamkeit der Kündigung binnen der in § 4 KSchG bestimmten Drei-Wochen-Frist gerichtlich geltend zu machen, um die Fiktionswirkung des § 7 KSchG zu vermeiden. Auch Berufsausbildungsverhältnisse unterfallen der Vorschrift des § 13 I 2 KSchG. Da die Industrie- und Handelskammer Düsseldorf einen Ausschuss, der der Schlichtung von Streitigkeiten zwischen Ausbildern und Auszubildenden dient, nicht gebildet hat, konnte die Klägerin Klage erheben, ohne zuvor das Verfahren nach § 111 II ArbGG durchführen zu müssen. Im Hinblick auf die am 5. Februar 2021 anstehende Zwischenprüfung vor der Industrie- und Handelskammer Düsseldorf hat die Verfügungsklägerin zudem einen Dringlichkeitsgrund behauptet.

2. Der Antrag ist nicht begründet, da ein Anspruch auf Erlass der begehrten Verfügung nicht besteht. Die außerordentliche Kündigung des Verfügungsbeklagten ist wirksam und hat das Ausbildungsverhältnis der Parteien mit Zugang der Kündigungserklärung bei der Klägerin am 8. Januar 2021 beendet.

Gemäß § 22 II BBiG ist der Ausbilder berechtigt, ein Berufsausbildungsverhältnis nach der Probezeit, § 20 S. 1 BBiG, die mindestens einen und höchstens vier Monate beträgt, § 20 S. 2 BBiG, aus einem wichtigen Grund ohne Einhalten einer Kündigungsfrist zu kündigen. Ein solcher ist in Anlehnung an § 626 I BGB anzunehmen, wenn Tatsachen vorliegen, aufgrund deren dem Kündigenden unter Berücksichtigung aller Umstände des Einzelfalles und unter Abwägung der Interessen beider Vertragsteile die Fortsetzung des Ausbildungsverhältnisses nicht zugemutet werden kann. Ein wichtiger Grund liegt mit dem seitens der Verfügungsklägerin eingeräumten Diebstahls am 4. Januar 2021 vor. Eine gegen das Eigentum des Ausbilders gerichtete Vermögensstraftat stellt eine eklatante Pflichtverletzung der Verfügungsklägerin dar, deren Hinnahme dem Verfügungsbeklagten unter Abwägung aller Umstände nicht zuzumuten ist. Im Hinblick auf den kündigungsrechtlichen Verhältnismäßigkeitsgrundsatz war der Verfügungsbeklagte nicht gehalten, den Diebstahl vor Ausspruch der Kündigung abzumahnen. Unabhängig von der anstehenden Zwischenprüfung durfte die Verfügungsklägerin nicht damit rechnen, dass der Verfügungsbeklagte ihr Verhalten tolerieren werde.

Die schriftliche Kündigungserklärung vom 8. Januar 2021, welche nach Maßgabe des § 22 III BBiG die Kündigungsgründe nennt, wurde von dem Verfügungsbeklagten innerhalb der zweiwöchigen Kündigungserklärungsfrist des § 22 IV 1 BBiG an die Verfügungsklägerin ausgereicht.

Den besonderen Kündigungsschutz für Schwangere kann die Verfügungsklägerin nicht für sich in Anspruch nehmen. Gemäß § 17 I 1 Nr. 1 MuSchG ist eine arbeitgeberseitige Kündigung gegenüber einer Frau während der Schwangerschaft unzulässig, wenn dem Arbeitgeber zur Zeit der Kündigung die Schwangerschaft oder Entbindung bekannt war oder innerhalb zweier Wochen nach Zugang der Kündigung mitgeteilt wird. Der Beklagte, dem die Schwangerschaft der Klägerin zur Zeit der Kündigung nicht bekannt war, erfuhr erst im Rahmen der mündlichen Verhandlung am 29. Januar 2021, dass die Klägerin zum Zeitpunkt des Kündigungszugangs am 8. Januar 2021 schwanger war. Zu diesem Zeitpunkt war die zweiwöchige Frist des § 17 I 1 MuSchG, die gem. §§ 186, 187 I BGB am Tage nach dem Zugang der Kündigung bei der Klägerin, also am 9. Januar 2021, begann und gem. § 188 II BGB mit dem Ablauf des 22. Januar 2021 endete, bereits abgelaufen. Die Verfügungsklägerin war nicht ohne ihr Verschulden gehindert, den Verfügungsbeklagten rechtzeitig über ihre Schwangerschaft zu unterrichten, § 17 I 2 MuSchG. Die Scham, ein uneheliches Kind zur Welt zu bringen, entschuldigt die Verzögerung hinsichtlich der Mitteilung über ihre Schwangerschaft nicht.

Der Grundsatz, dem zufolge das auf den Erlass einer einstweiligen Verfügung zielende – positiv beschiedene (!) – Eilverfahren das Hauptsacheverfahren nicht vorwegnehmen darf, steht einer Entscheidung des Arbeitsgerichts nicht entgegen. Denn der Antrag der Verfügungsklägerin hat keinen Erfolg.

III.

Ich schlage daher folgenden Tenor vor:

Der Antrag wird zurückgewiesen.

Hinweise zum Lösungsvorschlag:

Der Aktenvortrag stellt keine besonderen Ansprüche. Der Problemkreis »einstweilige Verfügungen«, der häufig den prozessualen Einstieg in einen Aktenvortrag bildet, bietet Ihnen die Gelegenheit, durch einen klar strukturierten Aufbau Punkte zu sammeln.

Schwerpunkte in prozessualer Hinsicht

Im Falle von Streitigkeiten zwischen Ausbilder und Auszubildendem verläuft die Prüfung der Zulässigkeit parallel zu der Prüfung in arbeitsrechtlichen Streitigkeiten. Man merke sich: Auszubildende stehen niemals schlechter, allenfalls besser als Arbeitnehmer. Die örtliche Zuständigkeit des zur Entscheidung angerufenen Gerichts folgt der Zuständigkeitsordnung im Hauptverfahren unabhängig davon, ob das Hauptsacheverfahren bereits anhängig ist oder erst noch anhängig zu machen ist, § 46 II 1 ArbGG iVm § 937 I ZPO.

Wie ein Arbeitnehmer muss der Auszubildende bei der Erhebung der Kündigungsschutzklage die Drei-Wochen-Frist des § 4 KSchG wahren, will er verhindern, dass er des Schutzes des § 22 BBiG verlustig geht (vgl. BAG 23.7.2015 – 6 AZR 490/14 – EzA ArbGG 1979 § 111 Nr. 3).

Richtet die Industrie- und Handelskammer – anders als in unserem Fall – eine Schlichtungsstelle ein, die sich um die Beilegung von Streitigkeiten zwischen Ausbilder und Auszubildendem bemüht, muss der Auszubildende das Schlichtungsverfahren durchführen, bevor er beim Arbeitsgericht Klage erhebt (für die Anrufung des Schlichtungsausschusses gilt übrigens nicht die Drei-Wochen-Frist des § 4 KSchG, vgl. BAG 23.7.2015 – 6 AZR 490/14 – EzA ArbGG 1979 § 111 Nr. 3). Hält er sich nicht an diese Reihenfolge, ist die Klage unzulässig und vom Gericht mit eben dieser Begründung abzuweisen.

Während der Verfügungskläger in der Rechtspraxis zumeist Leistungsansprüche im Wege der einstweiligen Verfügung durchzusetzen versucht, können im Ausnahmefall auch Feststellungsansprüche den Gegenstand einer einstweiligen Verfügung bilden.

Die Verfahrensbeteiligten, die zum Zeitpunkt der Antragstellung Antragsteller und Antragsgegner heißen, ändern im Laufe des gerichtlichen Verfahrens ihre Bezeichnungen. Mit Eröffnung der mündlichen Verhandlung wird aus dem Antragsteller der Verfügungskläger und aus dem Antragsgegner der Verfügungsbeklagte.

Schwerpunkte in materieller Hinsicht

Einstweilige Verfügungen sind in zwei Schritten zu prüfen. Zunächst ist auf den Verfügungsanspruch einzugehen. Nur wenn dieser bejaht wird, stellt sich die Frage, ob ein Verfügungsgrund vorliegt.

Da der Verfügungsantrag im Ergebnis zurückzuweisen ist, hat die Prüfung mit dem Kündigungsgrund gefolgt von den formalen Kündigungsvoraussetzungen des § 22 III BBiG zu beginnen. Hier ergeben sich keinerlei Schwierigkeiten.

Sodann ist auf das besondere Kündigungsverbot des § 17 I MuSchG einzugehen. Hier ist, wie so häufig, das Regel-Ausnahme-Verhältnis herauszuarbeiten. Dem Grundsatz nach muss der Arbeitgeber bei Ausspruch der Kündigung oder spätestens zwei Wochen danach Kenntnis von der Schwangerschaft der Arbeitnehmerin haben. Ausnahmsweise reicht eine spätere Kenntnisnahme aus, wenn die Überschreitung der Frist nicht auf einem von der Arbeitnehmerin verschuldeten Grund beruht.

Da die Fallkonstellation sich auch mit der Prüfung eines außerordentlichen Kündigungsgrundes gem. § 626 I BGB auseinandersetzt, sollte man auf Fragen der Prüfer zum Fall »Emmely« aus dem Jahr 2010 vorbereitet sein. Dort war der Arbeitnehmerin, die als Kassiererin tätig war, vorgeworfen worden, Pfandbons im Wert von 1,38 EUR an sich genommen und eingelöst zu haben. Die Kündigungsschutzklage ist in erster (ArbG Berlin 21.8.2008 – 2 Ca 3632/08 –

BB 2008, 1954) und zweiter Instanz (vgl. LAG Berlin-Brandenburg 24.2.2009 – 7 Sa 2017/08 – LAGE BGB 2002 § 626 Verdacht strafbarer Handlung Nr. 5) abgewiesen worden. Das BAG hat nach erfolgreicher Nichtzulassungsbeschwerde der Klägerin zu deren Gunsten entschieden (s. im Einzelnen BAG 10.6.2010 – 2 AZR 541/09 – EzA BGB 2002 § 626 Nr. 32).

Hinweise zur Tenorierung

Obwohl die Parteien Verfügungskläger und Verfügungsbeklagter heißen, ist nicht die Klage abzuweisen, sondern der Antrag zurückzuweisen. Dies erscheint im Hinblick auf den durch die mündliche Verhandlung geänderten Status der Verfahrensbeteiligten inkonsequent, ist aber in der Rechtspraxis durchgängige Übung.

Weiterführende Hinweise

* Den rechtspolitischen Wertungen des § 17 MuSchG (damals § 17 MuSchG) widmete *Birk* sein Gutachten für den Deutschen Juristentag 1994, Vhdl. 60. DJT, Gutachten E, 1994.

7. Fall:

Rechtsanwälte Kappelhoff und Partner

Halbe Stadt 93
15234 Frankfurt (Oder)
Tel.: 03 35/13 24 35

An das
Arbeitsgericht Frankfurt (Oder)
Eisenhüttenstädter Chaussee 48

15236 Frankfurt (Oder)

Frankfurt (Oder), den 18. Januar 2021

Klage

des Fritz Müller, Müllroser Straße 83, 15238 Frankfurt (Oder),

Kläger

Prozessbevollmächtigte: Rechtsanwälte Kappelhoff und Partner, Frankfurt (Oder)

gegen

die Autohaus Schmidt GmbH, vertreten durch den Geschäftsführer
Julius Schmidt, Leipziger Straße 22, 15236 Frankfurt (Oder),

Beklagte

Namens und kraft Vollmacht des Klägers erheben wir Klage. Wir werden beantragen

festzustellen, dass das Arbeitsverhältnis der Parteien durch die ordentliche Kündigung der Beklagten vom 4. Januar 2021 nicht aufgelöst worden ist.

Begründung:

Der am 15. August 1960 geborene, seiner Frau und zwei Kindern unterhaltspflichtige Kläger ist im Autohaus der Beklagten seit dem 1. Januar 2006 als Automobilverkäufer gegen ein durchschnittliches Bruttomonatsentgelt in Höhe von 2.500,00 EUR beschäftigt.

Mit Schreiben vom 4. Januar 2021, dem Kläger zugegangen am 11. Januar 2021, kündigte die Beklagte das Arbeitsverhältnis ordentlich zum 31. März 2021.

Beweis: Im Bestreitensfalle Vorlage des Kündigungsschreibens vom 4. Januar 2021

Die Kündigung ist unwirksam, da die Beklagte die, angesichts der 15 Jahre währenden Betriebszugehörigkeit maßgebliche, Kündigungsfrist nicht gewahrt hat.

Zudem ist die Kündigung sozial nicht gerechtfertigt. Es bestehen weder Gründe in der Person noch im Verhalten des Klägers noch liegen betriebsbedingte Gründe vor. Eine ordnungsgemäße Sozialauswahl wird vorsorglich bestritten.

Die Beklagte beschäftigt ständig mehr als zehn Arbeitnehmer ausschließlich der Auszubildenden.

Beglaubigte und einfache Abschrift anbei.

Kappelhoff

Rechtsanwältin

Rechtsanwalt
Franz Klein

Kopernikusstraße 85
15236 Frankfurt (Oder)
Tel.: 0335/97 86 75

An das Arbeitsgericht Frankfurt (Oder)
Eisenhüttenstädter Chaussee 48

15236 Frankfurt (Oder)

26. Februar 2021

In dem Rechtsstreit

Müller./.Autohaus Schmidt GmbH

– 2 Ca 34/21 –

melde ich mich als Prozessbevollmächtigter für die Beklagte. Ich werde beantragen, die Klage abzuweisen.

Begründung:

Die Kündigung ist wegen der hohen krankheitsbedingten Fehlzeiten des Klägers und der daraus resultierenden unzumutbaren wirtschaftlichen Belastung der Beklagten gerechtfertigt. Seit Beginn des Arbeitsverhältnisses und insbesondere in den letzten Jahren hat der Kläger erhebliche krankheitsbedingte Fehlzeiten zu verzeichnen. Im Einzelnen handelt es sich um folgende Ausfallzeiten:

2014	28 Arbeitstage
2015	93 Arbeitstage
2016	44 Arbeitstage
2017	60 Arbeitstage
2018	40 Arbeitstage
2019	54 Arbeitstage
2020	67 Arbeitstage
2021	20 Arbeitstage (allein bis zum 8. Februar 2021)

Nach Zugang der Kündigung war der Kläger bis einschließlich 8. Februar 2021 krankgeschrieben. Sämtliche Fehlzeiten waren kurzzeitig, also wenige Tage bis maximal drei Wochen.

In den Jahren 2017 bis 2020 beliefen sich die von der Beklagten zu tragenden Entgeltfortzahlungskosten auf über 25.000 EUR. Den Fehlzeiten lagen jeweils neue Krankheitsbilder zugrunde, sodass der klägerische Entgeltfortzahlungsanspruch jeweils erneut zu erfüllen war. Die Beklagte ist nicht in der Lage, die zahlreichen Fehlzeiten des Klägers durch die vorgehaltene Personalreserve auszugleichen. Nach Ende der letzten Arbeitsunfähigkeit im Jahr 2020 ist dem Kläger am 4. Dezember schriftlich ein betriebliches Eingliederungsmanagement (BEM) mit der Mitteilung angeboten worden, dass andernfalls eine Kündigung im Raum stehe. Den dafür vorgesehenen Termin am 12. Dezember 2020 lehnte der Kläger mit Schreiben vom 8. Dezember 2020 mit dem Hinweis ab, ein BEM brauche er nicht, weil er gesund sei.

Nach erfolgter Interessenabwägung ist der Beklagten nicht zuzumuten, den Kläger weiter zu beschäftigen.

Ich stelle direkt zu.

Rechtsanwalt

Rechtsanwälte Kappelhoff und Partner

Halbe Stadt 93
15234 Frankfurt (Oder)
Tel.: 03 35/13 24 35

An das
Arbeitsgericht Frankfurt (Oder)
Eisenhüttenstädter Chaussee 48

15236 Frankfurt (Oder)

Frankfurt (Oder), den 4. Mai 2021

In dem Rechtsstreit

Müller./.Autohaus Schmidt GmbH

– 2 Ca 34/21 –

beantragen wir in Erweiterung der Klage

die Beklagte zu verurteilen, an den Kläger 2.500 EUR brutto nebst Zinsen in Höhe von 5 Prozentpunkten über dem Basiszinssatz seit dem 1. Mai 2021 zu zahlen.

Begründung:

Zum Kündigungsschutzantrag:

Der Kläger kann die aufgetretenen Fehlzeiten nicht bestreiten. Ihnen lagen eine Reihe verschiedenartiger Krankheiten zugrunde. Seit Mitte 2015 waren die Fehlzeiten überwiegend und 2016 ausschließlich durch eine Erkrankung der Wirbelsäule bedingt. Auf Anraten seines Orthopäden begann der Kläger Ende 2016 mit speziellen gymnastischen Übungen. Dadurch sind die Beschwerden inzwischen vollständig abgeklungen. Seit dem 9. Februar 2021 ist der Kläger wieder arbeitsfähig. Mit weiteren Fehlzeiten ist nicht zu rechnen, wenn der Kläger, wie beabsichtigt, regelmäßig sein Gymnastikprogramm absolviert.

Die Beklagte hat nicht einmal ansatzweise dargelegt, dass es durch die Fehlzeiten des Klägers zu Betriebsablaufstörungen gekommen ist.

Darüber hinaus wiegen die Ausfallzeiten nicht so schwer, dass der Beklagten die dauerhafte Weiterbeschäftigung des Klägers nicht zuzumuten wäre. Der Kläger ist auf den Erhalt seines Arbeitsplatzes angewiesen, weil er infolge eines Hauskaufs seiner Bank gegenüber hohe Verbindlichkeiten eingegangen ist. Seine Ehefrau ist nicht berufstätig. Sollte der Kläger seinen Arbeitsplatz verlieren, wäre der soziale Abstieg der Familie vorgezeichnet.

Zum Zahlungsantrag:

Bereits in der Klagschrift ist darauf hingewiesen worden, dass die Kündigungsfrist nicht eingehalten wurde. Selbst in dem Fall, dass die Kündigung sozial gerechtfertigt wäre, hätte eine ordentliche Kündigung frühestens zum 31. Juli 2021 ausgesprochen werden dürfen. Mit der Klageerweiterung begehrt der Kläger das Arbeitsentgelt für den Monat April 2021. Dieses hat die Beklagte bisher nicht gezahlt. Mangels anderweitiger Vereinbarung ist die monatliche Vergütung jeweils am Monatsende fällig und zu zahlen.

Beglaubigte und einfache Abschrift anbei.

Rechtsanwältin

Rechtsanwalt
Franz Klein

Kopernikusstraße 85
15236 Frankfurt (Oder)
Tel.: 0335/97 86 75

An das Arbeitsgericht Frankfurt (Oder)
Eisenhüttenstädter Chaussee 48

15236 Frankfurt (Oder)

11. Mai 2021

In dem Rechtsstreit

Müller./.Autohaus Schmidt GmbH

– 2 Ca 34/21 –

werde ich beantragen,

    auch den mit der Klageerweiterungsschrift verfolgten Klageantrag abzuweisen.

Der Beklagten ist bewusst, dass die Kündigung für den Kläger möglicherweise eine Härte bedeutet. Aus ihrer Pflicht zur Fürsorge heraus hat sie die horrenden Fehlzeiten des Klägers länger als 15 Jahre hingenommen und die damit verbundenen immensen Kosten getragen. Es kann nicht rechtens sein, die Beklagte auf Dauer hierzu als verpflichtet anzusehen.

Was die von dem Kläger gerügte Kündigungsfrist anbelangt, räumt die Beklagte ein, dass sie einem Rechtsirrtum unterlegen ist. Sie ist selbstverständlich bereit, das Arbeitsverhältnis bis zum 31. Juli 2021 fortzusetzen. Der Zahlungsantrag ist trotzdem abweisungsreif. Der Kläger hat im April 2021 seine Arbeitskraft weder durch Erscheinen am Arbeitsplatz noch wörtlich angeboten, sodass zugunsten der Beklagten der Grundsatz »Kein Lohn ohne Arbeit« eingreift.

Ich stelle zu.

Rechtsanwalt

Öffentliche Sitzung des Arbeitsgerichts

Geschäfts-Nr.: 2 Ca 34/21

Frankfurt (Oder), den 24. Mai 2021

Anwesend:

Vorsitzende: RiArbG Meyer

Ehrenamtliche Richter: Rüdiger Fengler und Georg v. Karenfort

Urkundsbeamtin
der Geschäftsstelle: RegAng. Kasperschunski

In dem Rechtsstreit

Fritz Müller, Müllroser Straße 83, 15238 Frankfurt (Oder)

Prozessbevollmächtigte: Rechtsanwälte Kappelhoff pp., Frankfurt (Oder)

– Kläger –

gegen

Autohaus Schmidt GmbH, vertreten durch den Geschäftsführer Julius Schmidt, Leipziger Straße 22, 15236 Frankfurt (Oder)

– Beklagte –

Prozessbevollmächtigter: RA Klein, Frankfurt (Oder)

erschienen nach Aufruf der Sache

1. der Kläger und Rechtsanwältin Kappelhoff

2. für die Beklagte der Geschäftsführer Schmidt mit Rechtsanwalt Klein

Die Klägervertreterin stellte die Anträge aus der Klagschrift vom 18. Januar 2021 sowie aus dem Schriftsatz vom 4. Mai 2021.

Der Beklagtenvertreter beantragte,

> die Klage abzuweisen.

Vorgelesen und genehmigt.

Nach Erörterung der Sach- und Rechtslage schließen die Parteien unter Aufrechterhaltung ihrer gegensätzlichen Rechtsauffassungen den folgenden

Teilvergleich:

Die Parteien sind sich, ohne der Wirksamkeit der Kündigung der Beklagten vom 4. Januar 2021 vorgreifen zu wollen, darüber einig, dass die Kündigung für den Fall ihrer Wirksamkeit das Arbeitsverhältnis der Parteien nicht vor dem 31. Juli 2021 beendet hat.

Beschlossen und verkündet:

Eine Entscheidung ergeht am Ende der Sitzung.

Meyer

(Meyer)

Kasperschunski

(Kasperschunski)

Vermerk für den Bearbeiter:

Es ist die arbeitsgerichtliche Entscheidung zu entwerfen.

Die Klage ist am 22. Januar 2021 bei Gericht eingegangen und der Beklagten am 25. Januar 2021 zugestellt worden.

Eine Güteverhandlung ist am 5. Februar 2021 erfolglos durchgeführt worden. Die Klageerweiterung vom 4. Mai 2021 ist dem Beklagtenvertreter am 7. Mai 2021 zugestellt worden.

Lösungsvorschlag:

Ich berichte über einen Rechtsstreit, der im Jahr 2021 vor dem Arbeitsgericht Frankfurt (Oder) anhängig war. Kläger ist Herr Fritz Müller aus Frankfurt (Oder), Beklagte die ebenfalls in Frankfurt (Oder) ansässige Autohaus Schmidt GmbH.

I.

Der Kläger wendet sich gegen die ordentliche Kündigung seines Arbeitsverhältnisses und begehrt von der Beklagten die Zahlung von Arbeitsentgelt.

Der am 15. August 1960 geborene Kläger, verheiratet und zwei Kindern zum Unterhalt verpflichtet, ist seit dem 1. Januar 2006 bei der Beklagten zu einem Bruttomonatsgehalt in Höhe von zuletzt 2.500 EUR als Autoverkäufer tätig. Der Kläger ist infolge eines Hauskaufs verschuldet. Im Betrieb der Beklagten arbeiten mehr als zehn in Vollzeit beschäftigte Arbeitnehmer.

Seit 2014 wies der Kläger in jedem Jahr krankheitsbedingte Fehltage auf, wobei die einzelnen Krankheitszeiten zwischen wenigen Tagen und drei Wochen lagen. Die Krankschreibungen erfolgten aufgrund jeweils verschiedener Krankheitsbilder. In den Jahren 2015 und 2016 war alleinige Ursache für die Ausfallzeiten eine Wirbelsäulenerkrankung. Seit Ende 2016 absolvierte der Kläger auf ärztlichen Rat hin ein Gymnastikprogramm zur Stärkung der Wirbelsäule. Hinsichtlich der pro Jahr aufgelisteten Fehltage wird auf Bl. 1–2 des Beklagtenschriftsatzes vom 26. Februar 2021 verwiesen. Von 2017 bis 2020 wandte die Beklagte über 25.000 EUR an Entgeltfortzahlungskosten auf. Die von der Beklagten vorgehaltene Personalreserve konnte die Ausfallzeiten des Klägers nicht kompensieren.

Anfang des Jahres 2021 erkrankte der Kläger erneut und war bis zum 8. Februar 2021 arbeitsunfähig.

Mit Schreiben vom 4. Januar 2018, dem Kläger am 11. Januar 2021 zugegangen, kündigte die Beklagte das Arbeitsverhältnis ordentlich zum 31. März 2021. Mit Ablauf des 31. März 2021 stellte die Beklagte die Lohnzahlung an den Kläger ein. Das Angebot zur Durchführung eines betrieblichen Eingliederungsmanagements unter Hinweis auf eine drohende Kündigung im Dezember 2020 lehnte der Kläger mit Schreiben vom 8. Dezember 2020 ab.

Der Kläger vertritt die Auffassung, die Kündigung sei bereits wegen Nichteinhaltung der Kündigungsfrist unwirksam. Zudem sei sie im Hinblick auf das von ihm absolvierte Gymnastikprogramm sozial nicht gerechtfertigt. Seine Weiterbeschäftigung sei der Beklagten angesichts der Dauer seiner Betriebszugehörigkeit und seiner Verschuldung zuzumuten. Die Beklagte sei verpflichtet, an ihn für den Monat April Lohn zu zahlen, da die Kündigung das Arbeitsverhältnis nicht vor dem 31. Juli 2021 auflösen könne.

Mit der am 22. Januar 2021 bei Gericht eingegangenen Kündigungsschutzklage, die der Beklagten am 25. Januar 2021 zugestellt worden ist, sowie mit der Klagerweiterung vom 4. Mai 2021 beantragt der Kläger

1. festzustellen, dass das Arbeitsverhältnis der Parteien durch die ordentliche Kündigung der Beklagten vom 4. Januar 2021 nicht aufgelöst worden ist, und

2. die Beklagte zu verurteilen, an ihn 2.500 EUR brutto nebst Zinsen in Höhe von 5 Prozentpunkten über dem Basiszinssatz seit dem 1. Mai 2021 zu zahlen.

Die Beklagte beantragt,

die Klage abzuweisen.

Die Beklagte ist der Ansicht, die Kündigung sei aufgrund der zahlreichen Kurzerkrankungen des Klägers gerechtfertigt. Eine Weiterbeschäftigung des Klägers sei ihr angesichts der langen Fehlzeiten und der damit einhergehenden wirtschaftlichen Belastung nicht zumutbar. Der arbeitsrechtliche Grundsatz »Kein Lohn ohne Arbeit« stehe dem Lohnanspruch des Klägers unabhängig von der einschlägigen Kündigungsfrist entgegen.

II.

Ich schlage vor, dem Zahlungsantrag stattzugeben und die Klage im Übrigen abzuweisen.

1. Die Klage ist zulässig.

Der von dem Kläger eingeschlagene Rechtsweg vor die Arbeitsgerichte ist gem. § 2 I Nr. 3b (Kündigungsschutzantrag) bzw. § 2 I Nr. 2a (Zahlungsantrag) ArbGG eröffnet. Die örtliche Zuständigkeit des Arbeitsgerichts Frankfurt (Oder) ergibt sich aus § 46 II 1 ArbGG iVm § 17 ZPO. Das besondere Feststellungsinteresse für den Kündigungsschutzantrag besteht aufgrund der aus §§ 4, 7 KSchG folgenden Obliegenheit des Arbeitnehmers, die Unwirksamkeit einer Kündigung binnen einer Frist von drei Wochen nach Zugang der Kündigung gerichtlich geltend zu machen. Den klageerweiternd geltend gemachten Zahlungsantrag stellt der Kläger im Wege der objektiven Klagehäufung, § 46 II 1 ArbGG iVm §§ 495 I, 260 ZPO, zulässigerweise zur Entscheidung des Gerichts. Die hierin liegende Klageänderung begegnet in Ansehung der §§ 263, 267 ZPO keinen durchgreifenden Bedenken. Nach Abschluss des Teilvergleiches in der mündlichen Verhandlung am 24. Mai 2021 hat das Gericht im Wege des Schlussurteils über den verbleibenden Streitgegenstand zu entscheiden.

2. Die Klage ist teilweise begründet.

a) Der Kündigungsschutzantrag ist abzuweisen. Die Kündigung vom 4. Januar 2021 ist gem. § 1 II KSchG sozial gerechtfertigt.

Das Kündigungsschutzgesetz findet auf das Arbeitsverhältnis der Parteien Anwendung, da der Kläger die Wartezeit des § 1 I KSchG erfüllt hat und die Beklagte in ihrem Betrieb mehr als zehn Arbeitnehmer in Vollzeit beschäftigt, § 23 I KSchG.

Die materiell-rechtliche Ausschlussfrist des § 4 S. 1 KSchG steht der gerichtlichen Überprüfung der Kündigung am Maßstab des § 1 KSchG nicht entgegen, da der Kläger die Unwirksamkeit der Kündigung mit Eingang der Klageschrift am 22. Januar 2021 innerhalb der dreiwöchigen Klagefrist bei Gericht geltend gemacht hat.

Entgegen der Auffassung des Klägers ist die Kündigung nicht schon deshalb unwirksam, weil die Beklagte die Kündigung zu einem Zeitpunkt vor dem Ablauf der maßgeblichen Kündigungsfrist kündigte. Die Wirksamkeit einer Kündigung ist unabhängig von ihrer Rechtsfolge, dem Ingangsetzen der Kündigungsfrist, zu beurteilen. Denn eine irrtümlich mit falscher Frist ausgesprochene Kündigung ist grundsätzlich in eine Kündigung mit korrekter Frist umzudeuten, § 140 BGB.

Der Beklagten steht ein die Kündigung rechtfertigender Grund iSd § 1 II KSchG zur Seite. Die häufigen Kurzzeiterkrankungen des Klägers bilden einen in der Person des Klägers liegenden Kündigungsgrund, da zum Zeitpunkt des Zugangs der Kündigung zukünftige Fehlzeiten des Klägers in erheblichem Umfang zu prognostizieren waren, aufgrund derer für die Zukunft erhebliche wirtschaftliche Belastungen der Beklagten zu befürchten sind. Die erforderliche Abwägung der Parteiinteressen geht zulasten des Klägers.

Die negative Gesundheitsprognose stützt die Beklagte zu Recht auf die zahlreichen Fehlzeiten des Klägers allein im Zeitraum von 2014 bis 2020. So hat der Kläger in den letzten sechs Jahren jeweils mindestens acht Wochen krankheitsbedingt gefehlt. Sein Vortrag, die in letzter Zeit ursächliche Wirbelsäulenerkrankung habe er mit der Gymnastik erfolgreich bekämpft, ist nicht erheblich, da die Wirbelsäulenprobleme lediglich die Fehlzeiten in den Jahren 2015 und 2016 bedingten. In der jüngeren Vergangenheit führte eine Vielzahl verschiedener Erkrankungen zu erneuten Ausfallzeiten. Unabhängig von etwaigen Betriebsablaufstörungen erreichen die von der Beklagten zu gewärtigenden erheblichen wirtschaftlichen Belastungen ein Ausmaß, das jenseits der hinzunehmenden Belastung liegt. Der Vorschrift des § 3 I EFZG ist die gesetzgeberische Wertung zu entnehmen, dass der Arbeitgeber sechs Wochen Entgeltfortzahlung zu leisten hat. Die Fehlzeiten des Klägers, in denen die Beklagte Entgeltfortzahlung leisten musste, lagen in den letzten fünf Jahren jeweils erheblich jenseits von sechs Wochen. Da die Gründe für die Arbeitsunfähigkeit des Klägers auf verschiedenen Erkrankungen beruhten, war die Beklagte jeweils erneut zur Entgeltfortzahlung verpflichtet.

Die erforderliche Abwägung des Interesses des Klägers an der Fortsetzung des Arbeitsverhältnisses gegen das Interesse der Beklagten an der Beendigung des Arbeitsverhältnisses geht zulasten des Klägers aus. Die zu prognostizierende Belastung der Beklagten mit zukünftigen Entgeltfortzahlungskosten wiegt schwerer als die Unterhalts- und Zahlungsverpflichtungen des Klägers. Seiner Verpflichtung zum Angebot eines betrieblichen Eingliederungsmanagements nach § 167 II S. 1 SGB IX unter Hinweis auf eine im Raum stehende Kündigung ist die Beklagte nachgekommen.

Die Kündigung der Beklagten löst das Arbeitsverhältnis mit dem Ablauf des 31. Juli 2021 auf. Da die Parteien den Streit über die maßgebliche Kündigungsfrist durch den Abschluss des Teilvergleiches vom 24. Mai 2021 beseitigt haben, ist die Kündigungsfrist nicht nach den Vorgaben des § 622 BGB zu bestimmen. Mit der vergleichsweisen Regelung haben die Parteien teilweise über den Streitgegenstand verfügt, sodass die Frage der maßgeblichen Kündigungsfrist der Überprüfung durch das Arbeitsgericht entzogen ist.

b) Die Klage ist hinsichtlich des Zahlungsantrages begründet.

Der Kläger hat für den Monat April 2021 einen Anspruch gegen die Beklagte auf Zahlung eines Bruttobetrages in Höhe von 2.500 EUR aus § 615 S. 1 BGB. Die Beklagte befindet sich in Annahmeverzug. Dass der Kläger seine Arbeitsleistung weder tatsächlich, § 294 BGB, noch wörtlich, § 295 BGB, angeboten hat, ist unschädlich, da ein solches Angebot gem. § 296 BGB entbehrlich war. Die Beklagte hat es infolge der von ihr zum 31. März 2021 erklärten Kündigung unterlassen, dem Kläger ab dem 1. April 2021 einen funktionsfähigen Arbeitsplatz zur Verfügung zu stellen. Genau hierin hätte die nach § 296 BGB erforderliche, nach dem Kalender bestimmte Mitwirkungshandlung der Beklagten bestanden. Einen von dem Kläger verdienten Zwischenverdienst, der gem. § 615 S. 2 BGB auf den Annahmeverzugslohn anzurechnen wäre, hat die insoweit darlegungs- und beweisbelastete Beklagte nicht eingewandt.

Der Zinsanspruch folgt aus den gesetzlichen Bestimmungen über den Schuldnerverzug, §§ 286, 288 BGB. Der Lohn für den Monat April 2021 war mangels vertraglicher Vereinbarung gem. § 614 BGB Ende des Monats fällig. Ab dem Folgetag, dem 1. Mai 2021, befand sich die Beklagte mit der Zahlung der Arbeitsvergütung in Verzug. Der Kläger kann den gesetzlichen Zinssatz auf den Bruttobetrag verlangen.

III.

Im Ergebnis schlage ich daher folgenden Tenor vor:

1. Die Beklagte wird verurteilt, an den Kläger 2.500 EUR brutto nebst 5% Zinsen über dem Basiszinssatz seit dem 1. Mai 2021 zu zahlen.

2. Im Übrigen wird die Klage abgewiesen.

Hinweise zum Lösungsvorschlag:

Der Aktenvortrag ist anspruchsvoll, wenn auch nicht übermäßig schwer. Die Lösung des Falles verlangt Kenntnisse der in der Praxis nicht allzu häufig auftretenden krankheitsbedingten Kündigung. Die auf die Erkrankung des Arbeitnehmers gestützte Kündigung, ein Unterfall der personenbedingten Kündigung, prüft die arbeitsgerichtliche Rechtsprechung in drei Stufen, die sich dem Gesetzestext nicht entnehmen lassen.

Sachverhaltsdarstellung

Die zahlreichen Daten zur Erkrankung des Klägers lassen es ratsam erscheinen, auf Teile des Akteninhalts zu verweisen. Abgesehen von der auf der Hand liegenden Zeitersparnis für den Kandidaten, schont eine Verweisung die angespannten Nerven der Prüfer, die wenig erpicht darauf sind, innerhalb kurzer Zeit von mehreren Kandidaten jeweils ein Dutzend Daten vorgelesen zu bekommen.

Schwerpunkte in prozessualer Hinsicht

Aus Zeitgründen ist es angezeigt, die Zulässigkeit für beide Klageanträge gemeinsam zu prüfen.

Auch wenn der Rechtsweg und die örtliche Zuständigkeit keinerlei Besonderheiten aufweisen, sollte man die maßgeblichen Normen kurz nennen. An dieser Stelle in eine tiefgründige Subsumtion einzusteigen, ist sachlich nicht angezeigt und kostet Zeit, die im materiellen Teil dringend gebraucht wird. Das besondere Interesse, das § 256 ZPO fordert, begründet man zweckmäßigerweise unter Hinweis auf die gesetzliche Dreiwochenfrist, welche für den Arbeitnehmer, will er die Rechtsfolge der §§ 4, 7 KSchG vermeiden, die Obliegenheit begründet, bei Gericht eine fristwahrende Feststellungsklage zu erheben. Ein befriedigtes Prüfernicken sichert sich der Kandidat durch die dogmatisch richtige Einordnung der Klageerweiterung, deren zivilprozessuales Wesen in einer objektiven Klagehäufung verbunden mit einer Klageänderung liegt. Wer im Hinblick auf den protokollierten Teilvergleich am Ende der Prüfung heraushebt, dass die Entscheidung des Gerichts ein Schlussurteil darstellt, hat die Zulässigkeitsstation mit Bravour gemeistert.

Schwerpunkte in materieller Hinsicht

Die Prüfung zerfällt, den beiden Klageanträgen gemäß, in zwei Teile.

Die Prüfung des Feststellungsantrages beginnt mit einer knappen Erörterung der Anwendbarkeit des Kündigungsschutzgesetzes. Prüfungstaktische Finesse verrät der, der vor Prüfung der Sozialwidrigkeit auf den vermeintlichen Unwirksamkeitsgrund der zu kurz berechneten Kündigungsfrist eingeht. Denn nur so ist der von dem Kläger bemühte Schluss von der Missachtung der Kündigungsfrist auf die Unwirksamkeit der Kündigung unter Hinweis auf § 140 BGB als rechtsirrig zu entlarven. Springt man sofort auf die Frage der sozialen Rechtfertigung nach den Vorschriften des Kündigungsschutzgesetzes, ist dieser Weg verbaut.

Die Beantwortung der Frage, ob die Fehlzeiten des Klägers einen krankheitsbedingten Kündigungsgrund darstellen, verlangt eine dreistufte Prüfung. Entweder stellt man den von der arbeitsgerichtlichen Judikatur entwickelten dreistufigen Prüfungsaufbau voran und lässt die Subsumtion in eben diesen drei Schritten folgen oder man subsumiert – wie hier – unmittelbar unter jeden Prüfungspunkt. Das Ergebnis der Interessenabwägung ist nicht eindeutig. Mit guten Gründen, etwa einer stärkeren Gewichtung der langjährigen Betriebszugehörigkeit des Klägers, ist es ebenso vertretbar, die Rechtfertigung der Kündigung zu verneinen. Nicht vergessen werden darf der kurze Hinweis darauf, dass die Beklagte ein betriebliches Eingliederungsmanagement nach § 167 II S. 1 SGB IX anzubieten hat, auch wenn die Durchführung keine Wirksamkeitsvoraussetzung für die Kündigung darstellt, sondern sich nur auf die Anforderungen an die Darlegungs- und Beweislast des Arbeitgebers auswirkt.

Die Prüfung der Zahlungsklage beginnt – überflüssig dies zu betonen! – mit der Nennung der Anspruchsgrundlage. Da der Kläger nicht gearbeitet hat, kann er seinen Anspruch mit Erfolg nur auf § 615 S. 1 BGB stützen. Der Anspruch besteht unabhängig davon, ob der Kläger seine Arbeitsleistung in tatsächlicher oder wörtlicher Form angeboten hat. Dies folgt aus der zutreffenden Erwägung, dass es dem Arbeitgeber obliegt, dem Arbeitnehmer an jedem Arbeitstag (deshalb »nach dem Kalender bestimmbar«) einen funktionstüchtigen Arbeitsplatz zur Verfügung zu stellen. Durch den Ausspruch einer Kündigung zu einem bestimmten Datum gibt der Arbeitgeber dem Arbeitnehmer zu verstehen, dass er nach dem Ablauf der Kündigungsfrist ohne Rücksicht darauf, ob diese richtig oder falsch berechnet ist, von einer Beendigung des Arbeitsverhältnisses ausgeht und er deshalb einen Arbeitsplatz für den Arbeitnehmer nicht mehr bereithält. Will der Arbeitgeber einwenden, der Arbeitnehmer habe Zwischenverdienst erzielt, der auf den geltend gemachten Anspruch auf Annahmeverzugslohn anzurechnen sei, muss er dies – soweit ihm dies möglich ist – substantiiert vortragen (vgl. BAG NZA-RR 2008, 367 – AP BGB § 613a Nr. 333, für den Fall, dass der Arbeitnehmer es böswillig unterlässt, einen anderweitigen Verdienst zu erzielen).

Die Entscheidung über die Zinsen wird oft, darf aber in keinem Falle vergessen werden. Nach § 288 I BGB beträgt die Zinshöhe fünf Prozentpunkte über dem Basiszinssatz per annum. Dieser Wert kann je nach der Höhe des jeweiligen Basiszinssatzes variieren. Die beantragte Zinshöhe entspricht dem Gesetzeswortlaut und ist deshalb – entgegen den allgemeinen Anforderungen an die Bestimmtheit des Klageantrages – als mit § 253 ZPO vereinbar anzusehen. Es gehört demnach zu den Aufgaben des mit der Vollstreckung betrauten Gerichtsvollziehers, den für den tenorierten Zeitraum jeweils gültigen Basiszinssatz zugrunde zu legen.

Hinweise zur Tenorierung

Die Klage ist lediglich hinsichtlich des Zahlungsantrages begründet. Dass die wirksame Kündigung der Beklagten ursprünglich zu einem falschen Beendigungsdatum ausgesprochen wurde, wirkt sich in der Tenorierung nicht aus, da die Parteien den hierauf gerichteten Streitgegenstand durch die Regelung des Teilvergleiches vom 24. Mai 2021 der Entscheidung des Gerichts entzogen haben.

Weiterführende Hinweise:

- Instruktive Übersicht über den höchstrichterlichen Prüfungsmaßstab bei krankheitsbedingten Kündigungen: Ascheid/Preis/Schmidt/*Vossen*, Kündigungsrecht, 5. Aufl. 2017, KSchG § 1 Rn. 138 ff.
- Zur Kündigung wegen häufiger Kurzerkrankungen siehe BAG NZA-RR 2016, 243 = KSchG EzA § 2 Nr. 95.
- Zum Zusammenspiel von Kündigungsausspruch und Annahmeverzug des Arbeitgebers: ErfK/*Preis*, Erfurter Kommentar zum Arbeitsrecht, 20. Aufl. 2020, BGB § 615 Rn. 27 ff.
- Die Voraussetzungen des betrieblichen Eingliederungsmanagements behandelt BAG v. 17.4.2019, 7 AZR 292/17, NZA 2019, 1355.

8. Fall:

Dr. Witter & Dr. Scherk

Gesprächsvermerk   31. Juli 2020

Es erschien:

Herr Frank Wolter
Potsdamer Straße 55a, 50884 Köln
Tel.-Nr. 0221-6473892

Herr Wolter erschien heute zu einem Gesprächstermin und schilderte sein Anliegen zusammenfassend wie folgt:

Nach erfolgreichem Abschluss der Handelsschule habe ich am 1. Januar 2017 im Alter von 21 Jahren bei meinem Arbeitgeber, der Johann Schulte Keramik GmbH, als Angestellter angefangen. Bald erkannte der Personalleiter unserer Firma mein Potential. So bekam ich nach nur einem halben Jahr wesentliche Teile der Lohnbuchhaltung übertragen. Anfang des vorigen Jahres erteilte mir die Firma Prokura. Es war geplant, mich in nicht allzu ferner Zukunft zum Leiter der gesamten Buchhaltung, in der zwölf Vollzeitkräfte beschäftigt sind, zu befördern. Wegen eines bösen Unfalls mit dem Mountainbike, den ich im Sommer des vorigen Jahres – es war der 1. August 2019 – erlitt, hat meine hoffnungsvolle Karriere in der Firma ein jähes Ende gefunden.

Mein Arbeitgeber, der in wirtschaftlichen Schwierigkeiten steckt, hat mir vor wenigen Wochen die Kündigung geschickt. Das Kündigungsschreiben, das ich am 15. Juni 2020 in meinem Hausbriefkasten fand, habe ich ebenso mitgebracht wie meinen Arbeitsvertrag. Ich lasse beides bei Ihren Akten. Dass die Firma mich nicht mehr haben will, kann ich nachvollziehen. Welcher Arbeitgeber will einen Mitarbeiter auf der Gehaltsliste sehen, der seit einem Jahr ans Krankenbett gefesselt ist? Die Ärzte rechnen frühestens in zwei Jahren mit einer Besserung.

Was ich nicht verstehe, ist, dass die Kündigungsfrist so kurz ist. Dagegen wende ich mich mit Nachdruck.

Ich habe noch ein zweites Anliegen. Ich möchte meinen Urlaub ausgezahlt bekommen. Weder im Jahr 2019 noch im Jahr 2020 habe ich Urlaub genommen. Mein Arbeitgeber sträubt sich gegen mein Ansinnen – wie ich finde, zu Unrecht. Dabei geht es, wenn ich richtig gerechnet habe, um eine Summe in Höhe von immerhin 6.400 EUR (20,00 EUR pro Stunde mal 8 Arbeitsstunden am Tag mal 20 Arbeitstage mal zwei Jahre).

Am 3. Juli 2020 habe ich den Personalleiter aufgesucht und meine Position erläutert. Meine Argumente stießen auf taube Ohren. Mein Arbeitgeber hat mir seinen Rechtsstandpunkt in einem Schreiben vom 17. Juli 2020 mitgeteilt, das ich Ihnen überlasse. Die Faktenlage, wie sie mein Arbeitgeber beschreibt, entspricht den Tatsachen, aber die rechtlichen Schlussfolgerungen wollen mir nicht einleuchten.

Bitte sorgen Sie dafür, dass mir, was die Kündigungsfrist und den Urlaub anbelangt, Gerechtigkeit widerfährt.

Arbeitsvertrag

zwischen

Johann Schulte Keramik GmbH, Friesenplatz 18, 50977 Köln, vertreten durch ihren Geschäftsführer, Herrn Klaus Somfeld,

– im Folgenden: Arbeitgeber –

und

Herrn **Frank Wolter**, Potsdamer Straße 55a, 50884 Köln

– im Folgenden: Arbeitnehmer –.

§ 1 Beginn des Arbeitsverhältnisses

Der Arbeitnehmer tritt am 1. Januar 2017 als Angestellter in die Dienste des Arbeitgebers.

§ 2 Arbeitsentgelt

Der Arbeitnehmer erhält eine Vergütung iHv 20,00 EUR brutto je Arbeitsstunde.

§ 3 Arbeitsort und Arbeitszeit

Arbeitsort ist der jeweilige Betriebssitz des Arbeitgebers. Die Arbeitszeit des Arbeitnehmers beträgt 40 Stunden an fünf Arbeitstagen in der Woche. Überstunden bedürfen der ausdrücklichen Anordnung durch den Arbeitgeber.

§ 4 Anwendbare Tarifverträge

Das Arbeitsverhältnis richtet sich nach den Tarifverträgen des Keramikhandwerks Nordrhein-Westfalen in der jeweils geltenden Fassung.

§ 5 Urlaub

Der Urlaubsanspruch des Arbeitnehmers beträgt zwanzig Arbeitstage im Kalenderjahr.

§ 6 Salvatorische Klausel

Sollte eine Bestimmung dieses Arbeitsvertrages unwirksam sein, tritt an ihre Stelle die tarifvertragliche hilfsweise die gesetzliche Regelung.

Köln, den 28. Dezember 2016

Johann Schulte Keramik GmbH – Ihr Partner für Beständigkeit

Köln, den 13. Juni 2020

Kündigung des Arbeitsverhältnisses

Sehr geehrter Herr Wolter,

Hiermit kündigen wir das mit Ihnen bestehende Arbeitsverhältnis zum nächsten zulässigen Termin. Das ist nach unseren Berechnungen der 30. Juni 2020. Grund ist Ihre seit dem 1. August 2019 währende Arbeitsunfähigkeit.

Wir bedauern diesen Schritt und verbleiben mit freundlichen Grüßen

Horst Keller

– Personalleiter –

Johann Schulte Keramik GmbH – Ihr Partner für Beständigkeit

Köln, den 17. Juli 2020

Sehr geehrter Herr Wolter,

wir kommen auf das mit Ihnen vor vierzehn Tagen geführte Personalgespräch zurück.

Kündigungsfrist

Wir haben zur Kenntnis genommen, dass Sie die Gründe nachvollziehen können, die uns bewogen haben, das Arbeitsverhältnis mit Ihnen zu beenden. Ihre Ansicht, uns sei bei der Berechnung der Kündigungsfrist ein Fehler unterlaufen, teilen wir nicht. Wir verweisen auf den Manteltarifvertrag für das Keramik-Handwerk vom 1. Januar 2007. Nach § 4 I MTV bestimmt sich die vom Arbeitgeber einzuhaltende Kündigungsfrist nach der Dauer des Arbeitsverhältnisses. In § 4 II 2 MTV ist geregelt, dass bei der Berechnung der Beschäftigungsdauer Zeiten, die vor der Vollendung des 25. Lebensjahres des Arbeitnehmers liegen, nicht berücksichtigt werden. Da Sie gerade einmal 24 Jahre alt sind, haben wir lediglich die Grundkündigungsfrist von zwei Wochen zu beachten, § 4 I MTV. Unsere Kündigung wahrt diese Frist. Im Übrigen weisen wir Sie darauf hin, dass die gesetzlich bestimmte Frist, binnen derer es Ihnen obliegt, sich gegen die Kündigung zur Wehr zu setzen, bereits verstrichen ist. Ihre vermeintlichen Rechte sind, wie Juristen es nennen, verwirkt.

Urlaubsabgeltung

Wir sehen uns nicht als verpflichtet an, Urlaub abzugelten. Der Urlaub aus dem Jahr 2019 ist nach den gesetzlichen Vorschriften verfallen. Im Jahr 2020, in dem Sie Ihre Arbeitsleistung nicht erbracht haben, ist kein Anspruch auf Urlaub entstanden. Sinn und Zweck des Erholungsurlaubs ist es, dass der Arbeitnehmer sich von der geleisteten Arbeit erholen kann. Wo keine Arbeitsleistung, da kein Erholungsbedürfnis. Beachten Sie außerdem Folgendes: Die im Urlaubsgesetz vorgesehene Umwandlung von Urlaub in einen Geldanspruch ist nichts anderes als ein Ersatz für den Urlaub, den der Arbeitnehmer wegen der Beendigung des Arbeitsverhältnisses nicht mehr hat nehmen können. Daraus folgt: Wer seinen Urlaub nicht nehmen kann, kann auch nicht verlangen, dass der Urlaub in Geld an ihn ausgezahlt wird.

Wir bedauern außerordentlich, Ihnen keine andere Auskunft geben zu können.

Mit freundlichen Grüßen

Horst Keller

– Personalleiter –

Vermerk für den Bearbeiter:

Der in § 4 des Arbeitsvertrages in Bezug genommene Tarifvertrag hat auszugsweise folgenden Wortlaut:

»**§ 4 Kündigungsfristen**

(1) Das Arbeitsverhältnis eines Mitarbeiters kann mit einer Frist von zwei Wochen gekündigt werden.

(2) Für eine Kündigung durch den Arbeitgeber beträgt die Kündigungsfrist, wenn das Arbeitsverhältnis in dem Betrieb
1. zwei Jahre bestanden hat, einen Monat zum Ende eines Kalendermonats,
2. fünf Jahre bestanden hat, zwei Monate zum Ende eines Kalendermonats,
3. acht Jahre bestanden hat, drei Monate zum Ende eines Kalendermonats.

Bei der Berechnung der Beschäftigungsdauer werden Zeiten, die vor der Vollendung des 25. Lebensjahrs des Mitarbeiters liegen, nicht berücksichtigt.«

Es ist ein vorprozessuales Schreiben des von dem Kläger beauftragten Rechtsanwalts an die Johann Schulte Keramik GmbH zu entwerfen.

Lösungsvorschlag:

Ich berichte über ein Mandat der Rechtsanwälte Dr. Witter & Dr. Scherk aus dem Jahr 2020. Mandant ist Herr Frank Wolter. Gegner ist die Johann Schulte Keramik GmbH. Ich schlage vor, an den Gegner ein vorprozessuales Schreiben mit dem folgenden Inhalt zu richten:

Sehr geehrte Damen und Herren,

wir zeigen an, dass uns Ihr Mitarbeiter Frank Wolter mit der Wahrnehmung seiner rechtlichen Interessen beauftragt hat. Wir versichern anwaltlich, dass wir im Besitz einer auf uns lautenden Vollmacht sind.

Namens und in Vollmacht unseres Mandanten weisen wir Sie darauf hin, dass die von Ihnen unter dem 13. Juni 2020 ausgesprochene Kündigung das Arbeitsverhältnis zwischen Ihnen und unserem Mandanten – anders als in der Kündigung angegeben – nicht mit Wirkung zum 30. Juni 2020, sondern erst mit Wirkung zum 31. Juli 2020 beendet hat. Gleichzeitig fordern wir Sie auf, 40 Arbeitstage gesetzlichen Mindesturlaubs mit einem Bruttobetrag in Höhe von 6.400 EUR abzugelten.

Wir dürfen von folgendem Sachverhalt ausgehen:

Auf der Grundlage eines vom 28. Dezember 2016 datierenden Arbeitsvertrages, der unter § 4 auf die Tarifverträge des Keramikhandwerks Nordrhein-Westfalens Bezug nimmt, ist unser 24 Jahre alter Mandant seit dem 1. Januar 2017 bei Ihnen beschäftigt, zuletzt als Angestellter in der Buchhaltung. Die regelmäßige wöchentliche Arbeitszeit unseres Mandanten betrug 40 Stunden zu einer Bruttostundenvergütung in Höhe von 20 EUR bei zwanzig Arbeitstagen Jahresurlaub. Mit Hinweis auf die seit dem 1. August 2019 bestehende Arbeitsunfähigkeit unseres Mandanten, die das gesamte Jahr 2020 fortbestehen wird, erklärten sie mit Schreiben vom 13. Juni 2020, das unserem Mandanten zwei Tage später zuging, die Kündigung des Arbeitsverhältnisses. Sie gewährten unserem Mandanten weder im Jahr 2019 noch im Folgejahr Erholungsurlaub.

Die rechtliche Würdigung dieses Sachverhalts rechtfertigt unser eingangs dargelegtes Begehren. Dies aus den folgenden Gründen:

1. Die Kündigungsfrist beträgt einen Monat zum Monatsende, § 4 II 1 Nr. 1 des Manteltarifvertrages des Keramikhandwerks Nordrhein-Westfalen vom 1. Januar 2007 (im Folgenden: MTV). Das Arbeitsverhältnis bestand zu dem Zeitpunkt, zu dem unserem Mandanten das Kündigungsschreiben zuging, länger als zwei Jahre. Die Vorschrift des § 4 II 2 MTV, die kraft einzelvertraglicher Vereinbarung auf das Arbeitsverhältnis Anwendung findet, § 4 des Arbeitsvertrages, steht der bezeichneten Kündigungsfrist nicht entgegen. Danach sind bei der Berechnung der Beschäftigungsdauer Zeiten, die vor der Vollendung des 25. Lebensjahres des Mitarbeiters liegen, nicht zu berücksichtigen. Die Tarifbestimmung ist wegen Verstoßes gegen das in §§ 7 I Hs. 1; 1 AGG normierte Benachteiligungsverbot unwirksam, § 7 II AGG.

Nach § 7 I Hs. 1 AGG dürfen Beschäftigte nicht wegen eines in § 1 AGG genannten Grundes, zu denen auch das Alter gehört, benachteiligt werden. Diese Vorschriften finden auf das Arbeitsverhältnis Anwendung, da unser Mandant als Arbeitnehmer zu den Beschäftigten iSd § 6 I 1 Nr. 1 AGG gehört und Sie als Arbeitgeberin gem. § 6 II 1 AGG Adressatin des Gleichbehandlungsverbots sind. Der Umstand, dass nicht Sie, sondern die Parteien des bezeichneten Tarifvertrages Urheber der Regelung sind, ist rechtlich nicht erheblich, arg. e § 15 III AGG. Danach ist der Arbeitgeber bei der Anwendung kollektivrechtlicher Vereinbarungen nur dann zur Entschädigung verpflichtet, wenn er vorsätzlich oder grob fahrlässig handelt. Zu den dort genannten kollektivrechtlichen Vereinbarungen gehören auch Tarifverträge, die infolge einer arbeitsvertraglichen Bezugnahme auf ein Arbeitsverhältnis Anwendung finden.

Die tariflich bestimmte Nichtberücksichtigung von Beschäftigungszeiträumen, die vor der Vollendung des 25. Lebensjahres unseres Mandanten liegen, bedeutet eine unmittelbare Benachteiligung unseres Mandanten iSd § 3 I 1 AGG. Denn unser Mandant wird wegen seines

Alters weniger günstig behandelt als Arbeitnehmer, die erst nach Vollendung des 25. Lebensjahres ein Arbeitsverhältnis begründen. Während bei diesen die gesamte Beschäftigungszeit fristverlängernd iSd § 4 I 1 MTV wirkt, ist dies bei unserem Mandanten nicht der Fall. Die unterschiedliche Behandlung ist weder durch Gründe iSd § 10 AGG noch wegen der Art der von meinem Mandanten auszuübenden Tätigkeit oder der Bedingungen ihrer Ausübung, § 8 I AGG, gerechtfertigt. § 4 II 2 MTV findet auf das Arbeitsverhältnis unabhängig davon keine Anwendung, ob Sie ein Verschulden im Sinne des bereits genannten § 15 III AGG trifft. Denn diese Vorschrift gilt lediglich für Schadensersatzansprüche gem. § 15 I AGG und Entschädigungsansprüche gem. § 15 II AGG.

Auch wenn seit Zugang der Kündigung bei unserem Mandanten mehr als sechs Wochen vergangen sind, löst die Kündigung das Arbeitsverhältnis nicht zu dem in der Kündigung genannten Zeitpunkt auf. Die in § 13 III KSchG iVm § 7 KSchG bestimmten materiell-rechtlichen Rechtswirkungen treten nicht ein, da die in § 4 S. 1 KSchG genannte dreiwöchige Frist, binnen deren es Arbeitnehmern obliegt, Kündigungsschutzklage vor den Gerichten für Arbeitssachen zu erheben, für den vorliegenden Streitfall ohne Bedeutung ist. Die Kündigung sollte ausweislich ihres Wortlauts nicht lediglich zum 30. Juni 2020 wirken, sondern das Arbeitsverhältnis gegebenenfalls auch zu einem späteren Zeitpunkt auflösen. Unser Mandant wendet nicht ein, die Kündigung sei unwirksam, sondern macht lediglich geltend, die Kündigungsfrist sei nicht gewahrt.

Unser Mandant hat seine Rechte nicht gem. § 242 BGB verwirkt. Eine Klage vor dem Arbeitsgericht, die wir uns vorbehalten, ist weiterhin zulässig. Das Recht, einen bestehenden Anspruch klageweise geltend zu machen, ist nur in den Fällen verwirkt, in denen ein Arbeitnehmer den Anspruch erst nach Ablauf eines längeren Zeitraums erhebt, sog. Zeitmoment, und dadurch ein Vertrauenstatbestand beim Arbeitgeber geschaffen wird, er werde nicht mehr belangt, sog. Umstandsmoment. Zumindest an Letzterem fehlt es. Unser Mandant hat seine Ansprüche in einem Gespräch mit Ihrer Geschäftsführung am 3. Juli 2020 erläutert. Sie konnten daher nicht darauf vertrauen, unser Mandant werde seine Rechte nicht geltend machen.

Es verbleibt nach alldem bei der in § 4 II 1 Nr. 1 MTV bestimmten Kündigungsfrist von einem Monat zum Monatsende. Die Frist begann am Tage nach dem Zugang des Kündigungsschreibens bei unserem Mandanten zu laufen, §§ 186, 187 II 1 BGB, und endete am 31. Juli 2020, § 188 II BGB.

2. Unser Mandant hat Anspruch auf Zahlung eines Bruttobetrages in Höhe von 6.400 EUR. Anspruchsgrundlage ist § 7 IV BUrlG, dem zufolge der Arbeitgeber Erholungsurlaub abzugelten hat, wenn der Arbeitnehmer ihn wegen der Beendigung des Arbeitsverhältnisses ganz oder teilweise nicht mehr nehmen kann. Die tatbestandlichen Voraussetzungen, an die das Gesetz den Abgeltungsanspruch knüpft, liegen vor. Gemäß § 5 des Arbeitsvertrages hat unser Mandant für jedes Jahr Anspruch auf Erholungsurlaub im Umfang von zwanzig Arbeitstagen. Die Beendigung des Arbeitsverhältnisses zum 31. Juli 2020 führte dazu, dass unser Mandant den ihm zustehenden Jahresurlaub für die Jahre 2019 und 2020 nicht mehr nehmen konnte.

Obwohl der in § 7 III 2 und 3 BUrlG bezeichnete Übertragungszeitraum abgelaufen ist, ist der Urlaub, der aus dem Vorjahr resultiert, nicht verfallen. Unabhängig davon, ob Sie die Mitwirkungsobliegenheiten, die das Fristenregime des § 7 III BUrlG aktivieren, erfüllt haben, verfällt Urlaub, den ein wegen Krankheit arbeitsunfähiger Arbeitnehmer – wie vorliegend unser Mandant – nicht nehmen kann, frühestens 15 Monate nach dem Ablauf des Urlaubsjahres. Diese Frist ist im Streitfall nicht verstrichen. Die von dem Bundesarbeitsgericht entwickelte sog. Surrogationstheorie, der zufolge der Abgeltungsanspruch das Schicksal des Urlaubsanspruchs teilt, findet in Fällen, in denen der Arbeitnehmer bis zum Ende des Arbeitsverhältnisses krankheitsbedingt arbeitsunfähig ist, keine Anwendung. So hat der Europäische Gerichtshof in der Rechtssache Schultz-Hoff unter Rückgriff auf die sog. Arbeitszeit-Richtlinie judiziert.

Die Abgeltung des aus dem Jahr 2020 stammenden Urlaubs umfasst den gesamten Jahresurlaub, der mit Beginn des Jahres in vollem Umfang entstand, arg. e § 1 BUrlG. Dies gilt unabhängig davon, dass unser Mandant in diesem Jahr keine Arbeitsleistung hat erbringen können. Der Urlaubsanspruch ist nicht von einer bestimmten Arbeitsleistung des Arbeitnehmers, sondern lediglich vom rechtlichen Bestand des Arbeitsverhältnisses im Referenzzeitraum abhängig. Da das Arbeitsverhältnis infolge der verlängerten Kündigungsfrist erst mit Wirkung zum 31. Juli 2020 endete, hat unser Mandant nicht lediglich Anspruch auf Teilurlaub. Die in § 5 I BUrlG genannten Voraussetzungen, unter denen der Anfang des Jahres 2020 in vollem Umfang erworbene Urlaubsanspruch gekürzt wird, liegen nicht vor. Eine Wartezeit iSd § 5 I lit. a BUrlG hatte unser Mandant, dessen Arbeitsverhältnis seit mehreren Jahren besteht, im Jahr 2020 nicht zu erfüllen, arg. e § 4 BUrlG. Er schied deshalb auch nicht, wie § 5 I lit. b BUrlG voraussetzt, vor erfüllter Wartezeit aus dem Arbeitsverhältnis aus. Ebenso wenig liegt das Ende des Arbeitsverhältnisses in der ersten Hälfte eines Kalenderjahres mit der Folge, dass der Urlaubsanspruch nach § 5 I lit. c BUrlG zu kürzen wäre.

Auf der Grundlage der Vergütung, die unserem Mandanten in den letzten dreizehn Wochen vor dem Beginn seiner Krankheit zustand, § 11 I 1 und 3 BUrlG, ergibt sich die Höhe der von Ihnen zu leitenden Abgeltung als Produkt aus dem Stundenlohn (20,00 EUR), der regelmäßigen täglichen Arbeitszeit (acht Stunden) und der Anzahl der Urlaubstage (2 mal 20).

Ihrer Zahlung sehen wir bis zum 15. August 2020 entgegen.

Hochachtungsvoll

Dr. Witter
Rechtsanwalt

Hinweise zum Lösungsvorschlag

Der Fall kreist um delikate Probleme des Kündigungs- und Urlaubsrechts. Die funktionelle Verschränkung beider Bereiche rechtfertigt es, den Fall unter die anspruchsvollen einzureihen. Sie bestehen die Prüfung, auch wenn Sie nicht auf jeden der in der Musterlösung angesprochenen Gesichtspunkte eingehen. Sollte es Ihnen gelingen, eine Handvoll Probleme in akzeptabler Manier zu präsentieren, dürfte Ihnen eine zweistellige Punktzahl sicher sein.

Schwerpunkte in prozessualer Hinsicht

An dieser Stelle heißt es resolut: Nicht zu tief einsteigen! Wer seinem Drange, dogmatische Könnerschaft zu demonstrieren, nicht zu wehren weiß, kann die Prüfer mit einer feinsinnigen Unterscheidung für sich einnehmen. Während die Frage, ob der Arbeitnehmer sein Klagerecht verwirkt hat, prozessualer Natur ist (vgl. LAG Berlin-Brandenburg 14.8.2014 – 10 Sa 861/14 – BeckRS 2016, 120523), gehört die »Klageerhebungsfrist« (so BAG 23.07.2015 – 6 AZR 490/14 – AP Nr. 82 zu § 4 KSchG 1969) des § 4 S. 1 KSchG dem materiellen Recht an (vgl. BAG 15.12.2016 – 6 AZR 430/15 – NZA 2017, 502). Die Folgen muss ein Gericht – nicht aber der Rechtsanwalt in unserem Fall – klarstellen: Ist das Klagerecht verwirkt, ist die Klage als unzulässig abzuweisen; ist (nur) die Klageerhebungsfrist abgelaufen, ist die Kündigungsschutzklage zwar zulässig, muss aber aus materiell-rechtlichen Gründen abgewiesen werden. Der Tenor lautet in einem solchen Fall schlicht: »Die Klage wird abgewiesen.«

Schwerpunkte in materieller Hinsicht

Die Falllösung erfordert eine saubere Trennung der Frage, zu welchem Zeitpunkt die Kündigung das Arbeitsverhältnis auflöste, von der Frage, wie viele Tage Urlaub die Arbeitgeberin abzugelten hat. Da letztere von der Beantwortung ersterer abhängt, ist nicht mit jener, sondern mit dieser zu beginnen. Weniger verklausuliert: Zuerst die Kündigungsfrist und dann die Urlaubsabgeltung klären!

1. Die im Streitfall einschlägige Kündigungsfrist ist – allein – anhand der tarifvertraglichen Regelung des § 4 II 1 MTV zu berechnen. Diese Schlussfolgerung hängt von einer Reihe von Voraussetzungen ab, die kumulativ vorliegen.

a) Der Tarifvertrag findet auf das Arbeitsverhältnis der Parteien Anwendung. Dieser schlichte Satz ist von essentieller Bedeutung. Vielen Menschen, unter ihnen eine erhebliche Anzahl von Juristen, mutet es seltsam an, dass Tarifverträge nicht kraft ihrer Rechtsnatur – gewissermaßen automatisch – für alle Arbeitsverhältnisse einer Branche gelten. Und doch: Der Geltungsanspruch von Tarifverträgen ist dem Grundsatz nach auf drei Fallgruppen beschränkt: beiderseitige Tarifbindung der Parteien des Arbeitsverhältnisses, §§ 4 I 1, 3 I TVG, Erklärung der Allgemeinverbindlichkeit durch das Bundesministerium für Arbeit und Soziales oder die entsprechend bevollmächtigten obersten Arbeitsbehörden auf Landesebene, § 5 IV TVG, und Inbezugnahme eines Tarifvertrages im Wege der arbeitsvertraglichen Vereinbarung. Von der letztgenannten Möglichkeit haben die Parteien im Streitfall Gebrauch gemacht, vgl. § 4 des Arbeitsvertrages vom 28. Dezember 2016.

b) Die Berechnungsvorschrift des § 4 II 2 MTV ist unwirksam. Dies folgt aus einem Zusammenspiel dreier Normen, deren bloße Nennung dem Kandidaten punktwerte Vorteile zu sichern verspricht. Das Verdikt der Unwirksamkeit ordnet § 7 II AGG für den Fall an, dass eine Vereinbarung gegen das in § 7 I AGG normierte Benachteiligungsverbot verstößt. § 7 I AGG wiederum nimmt Bezug auf die Programmvorschrift des § 1 AGG.

c) Zu den Vereinbarungen iSd § 7 II AGG gehören unter anderem Tarifverträge (vgl. Schleusener/Suckow/Plum/*Schleusener*, AGG, 5. Aufl. 2018, AGG § 7 Rn. 43). Dies gilt unabhängig davon, aufgrund welcher Umstände tarifliche Regelungen auf das Arbeitsverhältnis einwirken (vgl. dazu 1 a).

d) Die Tarifvorschrift diskriminiert Arbeitnehmer, die das 25. Lebensjahr nicht vollendet haben. Dies hat der EuGH in einer aus dem Jahre 2010 datierenden Entscheidung (EuGH 19.1.2010 – C-555/07 – »Kücükdeveci« EzA RL 2000/78 EG-Vertrag 1999 Nr. 14) für die gleich lautende Vorschrift des § 622 II 2 BGB in der Fassung der Bekanntmachung vom 2. Januar 2002 mit bindender Wirkung für die deutschen Arbeitsgerichte festgestellt (vgl. BAG 20.6.2013 – 6 AZR 805/11 – AP BGB § 622 Nr. 68). Der EuGH hatte, da es sich bei § 622 II 2 BGB um eine Vorschrift mit Gesetzesrang handelte, das ungeschriebene Verbot der Altersdiskriminierung zu bemühen. Derartige – dogmatisch angreifbare – Klimmzüge sind in unserem Streitfall nicht erforderlich. Denn die Gesetzesvorschrift des § 7 II AGG steht hierarchisch über der tarifvertraglichen Bestimmung des § 4 II 2 MTV. Pluspunkte für ein sicheres Jonglieren mit den AGG-Vorschriften erhält, wer zur Ausfüllung der Tatbestandsmerkmale »Arbeitnehmer« und »Arbeitgeber« auf die Legaldefinitionen des § 6 AGG zurückgreift. Zusätzliche Anerkennung gebührt dem, der die Benachteiligung als unmittelbare Benachteiligung iSd § 3 I 1 AGG kennzeichnet.

e) Der Fall bietet die Gelegenheit, in zwei Nebensätzen die Systematik des Antidiskriminierungsrechts zu streifen. Eine Ungleichbehandlung – sei sie nun unmittelbar oder nur mittelbar – ist für sich genommen nicht hinreichend, um die in § 7 II AGG beschriebenen Rechtsfolgen auszulösen. Denn eine unterschiedliche Behandlung kann ausnahmsweise gerechtfertigt sein. Rechtfertigungsgründe finden sich in den §§ 8 ff. AGG. Nur wenn positiv feststeht, dass die Ungleichbehandlung weder als sog. positive Maßnahme nach § 5 AGG zulässig ist (vgl. BAG 18.3.2010 – 8 AZR 1044/08 – NZA 2010, 1129) noch sich als sachlich gerechtfertigt erweist (vgl. BAG 15.12.2016 – 8 AZR 418/15 – GWR 2017, 205), liegt eine verbotswidrige Diskriminierung vor. Die Rechtfertigungsprüfung darf sich im Streitfall auf einen Satz beschränken. Es ist offenkundig, dass die Tarifnorm jüngere Arbeitnehmer wegen ihres Alters diskriminiert.

f) Diskriminierungsrecht am Hochreck demonstriert, wer feststellt, dass dem Arbeitgeber mit der Entschuldigung, er wende lediglich eine von den Tarifvertragsparteien geschaffene Regelung an, nicht durchdringt. Die Bestimmung des § 15 III AGG, die die Haftung des Arbeitgebers auf die Fälle von Vorsatz und grober Fahrlässigkeit beschränkt, hilft dem Arbeitnehmer im Streitfall nicht weiter. Die Regelung gilt nur für eine Haftung des Arbeitgebers nach § 15 I und II AGG, die die Zahlung einer Geldsumme zum Gegenstand hat. Dies folgt aus der systematischen Stellung des § 15 III AGG (vgl. zu Einzelheiten BeckOK ArbR/ *Roloff*, Beck'scher Online-Kommentar Arbeitsrecht, AGG § 15 Rn. 9).

g) Das Argument des Arbeitgebers, der Zeitraum zwischen Kündigung und Geltendmachung der Kündigungsfrist habe Einfluss auf die Rechte des Arbeitnehmers, ist unter zwei Gesichtspunkten zu würdigen.

aa) Zum einen ist auf die Frage einzugehen, ob § 13 III KSchG iVm §§ 7 Hs. 1, 4 S. 1 KSchG die fehlerhafte Berechnung der Kündigungsfrist heilt. Hier ist zu referieren, was der Fünfte Senat des Bundesarbeitsgerichts in einer vom 1. September 2010 datierenden Entscheidung (– 5 AZR 700/09 – NJW 2010, 3740 = DB 2010, 2620) klargestellt hat: Will der Arbeitnehmer geltend machen, der Arbeitgeber habe die Kündigungsfrist nicht eingehalten, ist er grundsätzlich an die dreiwöchige Frist des § 4 S. 1 KSchG nicht gebunden. Für einen Fall gilt eine Ausnahme: Die Klageerhebungsfrist fordert Beachtung, wenn sich nicht durch Auslegung ermitteln lässt, dass der Arbeitgeber einzig und allein zu dem in dem Kündigungsschreiben genannten Datum kündigen wollte, also trotz der erforderlichen Auslegung nicht feststeht, dass er eine fristwahrende Kündigung aussprechen wollte.

bb) Was die Verwirkung anbelangt, so sind deren Voraussetzungen (Zeit- und Umstandsmoment) kurz namhaft zu machen (vgl. im Einzelnen BAG 28.2.2019 – 8 AZR 201/18 – AP Nr. 477 zu § 613a BGB). Um zu begründen, dass die Verwirkung im Streitfall – zumindest! – am Umstandsmoment scheitert, bedarf es nur weniger Worte.

2. Der Problemkreis »Urlaubsabgeltung« gehört zu den Lieblingsmaterien eines jeden Prüfers, der es sich angelegen sein lässt, einem Kandidaten vertieft auf den Zahn zu fühlen. Ausgangspunkt ist immer § 7 IV BUrlG, der den Gesetzeszweck in knappe Worte kleidet: Arbeitnehmer gehen ihres Anspruchs auf Urlaubsentgelt nicht deshalb verlustig, weil das

Arbeitsverhältnis endet. Daraus lässt sich die wesentliche Voraussetzung der Urlaubsabgeltung ableiten: ein Urlaubsanspruch des Arbeitnehmers zu dem Zeitpunkt, zu dem das Arbeitsverhältnis endet.

a) Der Arbeitnehmer unseres Falls hat einen Urlaubsanspruch, der aus zwei unterschiedlichen Referenzräumen stammt, nämlich sowohl aus dem Jahr 2019 als auch aus dem Jahr 2020.

aa) Der Urlaubsanspruch aus dem Jahr 2019 ist weder mit Ende des Jahres, § 7 III 1 BUrlG, noch mit Ende des Übertragungszeitraums, § 7 III 3 BUrlG, verfallen. Dieses Ergebnis ist, nimmt man die Bestimmungen des BUrlG in ihrer Gesamtheit in den Blick, nichts weniger als offensichtlich. Urlaubsansprüche sind zeitlich befristet – dies gilt jedenfalls in den Fällen, in denen der Arbeitgeber seinen Mitwirkungsobliegenheiten nachgekommen ist (vgl. hierzu Fall 10). Die unter dieser Voraussetzung »aktivierte« Regelung in § 7 III BUrlG verhindert, dass ein Arbeitnehmer seinen Erholungsurlaub über einen längeren Zeitraum hortet. Nimmt er ihn nicht bis zum Ende eines Kalenderjahres, fällt er grundsätzlich ersatzlos weg, es sei denn, ein »Übertragungstatbestand« (BAG 12.12.2012 – 10 AZR 192/11 – AP ArbZG § 6 Nr. 13 [sollte sich ein Kandidat jemals mit dem Gedanken tragen, ein Entscheidungsdatum auswendig zu lernen, drängt sich dieses geradezu auf: 12.12.12!]) liegt vor. Dies können Gründe in der Person des Arbeitnehmers (Beispiel: Krankheit) oder betriebliche Gründe (Beispiel: betriebliche Urlaubssperre zum Jahresende) sein. Aber auch der in das nächste Jahr übertragene Urlaub fällt weg, wenn der Arbeitnehmer ihn nicht bis zum 31. März genommen hat. Eine Übertragung der Übertragung findet nach dem Bundesurlaubsgesetz nicht statt.

Diese im Gesetz für den Urlaub angelegte Systematik hat das Bundesarbeitsgericht früher auf den Abgeltungsanspruch übertragen. War der Arbeitgeber nicht verpflichtet, Urlaub zu gewähren, weil der Urlaubsanspruch nicht fristgerecht realisiert wurde, entfiel seine Verpflichtung, diesen – nicht vorhandenen – Urlaub abzugelten. Überhöht man diesen Befund ins Dogmatische, stellt der Abgeltungsanspruch das »Surrogat« (BAG 5.9.1995 – 9 AZR 455/94 – ZTR 1996, 28) des Urlaubsanspruchs dar (vgl. zum Ganzen die grundlegende Entscheidung BAG 23.6.1983 – 6 AZR 180/80 – AP Nr. 14 zu § 7 BUrlG Abgeltung; letztmalig BAG 15.3.2005 – 9 AZR 143/04 – AP Nr. 31 zu § 7 BUrlG).

Der Europäische Gerichtshof bereitete diesen feinziselierten Erwägungen, die das Fundament einer langjährigen Rechtsprechung bildeten, zu Beginn des Jahres 2009 ein abruptes Ende. Jedenfalls in den Fällen, in denen der Arbeitnehmer infolge krankheitsbedingter Arbeitsunfähigkeit gehindert ist, den Urlaub bis zum Ende des Arbeitsverhältnisses zu nehmen, widerspricht die Surrogationstheorie höherrangigem Europarecht (vgl. EuGH 20.1.2009 – C-350/06 und C-520/06 – EzA RL 2003/88 1999 EG-Vertrag Nr. 1 – »Schultz-Hoff« unter Bezugnahme auf die RL 2003/88/EG des Europäischen Parlaments und des Rates v. 4.11.2003 über bestimmte Aspekte der Arbeitszeitgestaltung, kurz: Arbeitszeitrichtlinie). Das Bundesarbeitsgericht hat seine Rechtsprechung mittlerweile – wenn auch zähneknirschend – den Vorgaben aus Luxemburg angepasst und den Surrogatsgedanken verworfen (vgl. BAG 22.9.2015 – 9 AZR 170/14 – AP BUrlG § 7 Nr. 76).

Noch ein Hinweis, der die Grenzen des Prüfungsstoffes, mit dem Kandidaten in mündlichen Prüfungen rechnen müssen, sprengt: Die aus dem Europarecht abgeleiteten Einschränkungen betreffen lediglich den gesetzlichen Urlaub, der nach § 3 I BUrlG 24 Werktage (= 20 Arbeitstage in einer Fünf-Tage-Woche) beträgt. Urlaubsansprüche, die aufgrund einzelvertraglicher oder tarifvertraglicher Vereinbarung über das gesetzliche Mindestmaß hinausgehen, können die Vertragsparteien, also die Parteien des Arbeits- oder Tarifvertrages, frei ausgestalten. Sie dürfen demnach, soweit der »übergesetzliche Urlaub« (BAG 15.12.2015 – 9 AZR 52/15 – AP BEEG § 17 Nr. 3) in Rede steht, die Arbeitsunfähigkeit eines Arbeitnehmers zu dessen Lasten berücksichtigen. Unionsrecht steht dem nicht entgegen (vgl. BAG 9.8.2016 – 9 AZR 51/16 – AP TV-L § 26 Nr. 1).

bb) Unser Arbeitnehmer hatte Anspruch auf Erholungsurlaub im Jahr 2020, obwohl er in diesem Jahr nicht gearbeitet hat. Denn der Urlaubsanspruch hängt weder von einem konkreten noch einem abstrakten Erholungsbedurfnis des Arbeitnehmers ab (BAG 7.8.2012 – 9 AZR 353/10 – AP BUrlG § 7 Nr. 61). Ausreichend ist der rechtliche Bestand des Arbeitsverhältnisses (vgl. BAG 15.12.2015– 9 AZR 52/15 – AP BEEG § 17 Nr. 3), sofern bei Hinwegdenken der Erkrankung eine Arbeitspflicht bestanden hätte (vgl. BAG 21.5.2019 – 9 AZR 259/18 – AP Nr. 89 zu § 7 BUrlG).

Der Urlaubsanspruch umfasst – das mag Laien verblüffen – den vollen Jahresurlaub. Denn der gesamte Jahresurlaub entsteht, vom ersten Arbeitsjahr abgesehen, am 1. Januar eines jeden Kalenderjahres. Nur wenn die Voraussetzungen des § 5 I lit. c BUrlG vorliegen, schrumpft er im Nachhinein auf ein Zwölftel für jeden vollen Kalendermonat. In den Worten des Bundesarbeitsgerichts: »Der Sache nach handelt es sich beim ›Teilurlaub‹ nach § 5 I lit. c BUrlG um einen ›nachträglich gekürzten Vollurlaub‹ für den Fall eines Ausscheidens des Arbeitnehmers in der ersten Kalenderjahreshälfte.« (BAG 22.10.2009 – 8 AZR 865/08 – AP BGB § 133 Nr. 57).

Weiterführende Hinweise:

- Die Unverfallbarkeit des europarechtlich garantierten Mindesturlaubs betont der EuGH in 20.1.2009 – C-350/06 und C-520/06 – EzA RL 2003/88 1999 EG-Vertrag Nr. 1 – »Schultz-Hoff«, relativiert seine Position jedoch in EuGH 22.11.2011 – C-214/10 – AP Richtlinie 2003/88/EG Nr. 6 – »KHS«.

- Die Frage, ob es dem Arbeitnehmer obliegt, eine Kündigung des Arbeitgebers binnen der in § 4 S. 1 KSchG bestimmten Dreiwochenfrist anzugreifen, ventiliert das BAG in 1.9.2010 – 5 AZR 700/09 – DB 2010, 2620.

- Zu den Obliegenheiten, die der Arbeitgeber nach § 7 I BUrlG zu beachten hat, um den Urlaubsanspruch des Arbeitnehmers nach § 7 III BUrlG zu befristen, vgl. BAG 19.2.2019 – 9 AZR 321/16 – AP Nr. 85 zu § 7 BUrlG.

9. Fall:

Kerstin Schumann
Rechtsanwältin

An der Hoheleye 83
58300 Wetter
Telefonnummer: 0 64 23–68 75–0
Faxnummer: 0 64 23–68 75–9

An das
Arbeitsgericht Hagen
Gerichtstraße 45

58091 Hagen

Wetter, den 6. Oktober 2021

Klage

des Gebäudereinigers Klaus Finder, Lange Straße 32, 58091 Hagen

Kläger

Prozessbevollmächtigte: Rechtsanwältin Kerstin Schumann, Wetter

gegen

die Grönemann Gebäudereinigungs-GmbH, vertreten durch den Geschäftsführer Rainer Grönemann, Am Stirnband 75, 58093 Hagen

Beklagte.

Namens und kraft Vollmacht des Klägers erhebe ich Klage und kündige den Antrag an

festzustellen, dass das Arbeitsverhältnis der Parteien durch die Kündigung der Beklagten vom 27. September 2021 weder fristlos noch fristgemäß zum 31. Oktober 2021 aufgelöst worden ist.

Begründung:

Zwischen den Parteien besteht seit dem 1. Juli 2017 ein Arbeitsverhältnis. Der Kläger ist als Gebäudereiniger zu einem Bruttomonatsgehalt in Höhe von 1.500 EUR im Rahmen einer 40-Stunden-Woche beschäftigt. Die Beklagte hat mehr als zehn vollbeschäftigte Mitarbeiter ausschließlich der Auszubildenden. Ein Betriebsrat besteht nicht.

Mit Schreiben vom 27. September 2021, dem Kläger per Boten am gleichen Tag überbracht, kündigte die Beklagte das Arbeitsverhältnis fristlos, hilfsweise fristgerecht zum 31. Oktober 2021.

Beweis: Vorlage des Kündigungsschreibens vom 27. September 2021, Anlage K 1

Ein wichtiger Grund zur Kündigung liegt nicht vor. Zudem ist die Kündigung sozial nicht gerechtfertigt. Es liegen keine personen-, verhaltens-, oder betriebsbedingten Kündigungsgründe vor. Die im Kündigungsschreiben angeführten Gründe treffen nicht zu und werden vollumfänglich bestritten.

H. Schumann
Rechtsanwältin

Anlage K 1

Grönemann Gebäudereinigungs-GmbH

Zustellung per Boten

Herrn Klaus Finder
Lange Straße 32

58091 Hagen

Hagen, den 27. September 2021

Kündigung

Sehr geehrter Herr Finder,

wegen erneuten unentschuldigten Fernbleibens von der Arbeit in der Zeit vom 13. September
2021 bis zum 24. September 2021 kündigen wir Ihr Arbeitsverhältnis fristlos, hilfsweise fristgemäß zum 31. Oktober 2021.

Mit freundlichen Grüßen

Schlenzer

ppa. Schlenzer

**Geschäftsführer: Rainer Grönemann,
Am Stirnband 75, 58093 Hagen**

Rechtsanwälte
Dr. Mikolon & Partner

An das
Arbeitsgericht Hagen
Gerichtstraße 45

58091 Hagen

Hagen, 18. Oktober 2021

In dem Rechtsstreit

Finder./.Grönemann Gebäudereinigungs-GmbH

2 Ca 1001/21

melden wir uns für die Beklagte. Wir werden beantragen,

die Klage abzuweisen.

Begründung:

Die Beklagte hat das Arbeitsverhältnis zu Recht fristlos gekündigt. Der Kläger ist in der Zeit vom 13. September 2021 bis zum 24. September 2021 unentschuldigt nicht zur Arbeit erschienen. Ab dem 30. August 2021 bis zum 10. September 2021 war der Kläger krankgeschrieben. Danach hat er die Arbeit nicht wieder aufgenommen. Eine Folge-Arbeitsunfähigkeitsbescheinigung legte er der Beklagten nicht vor.

Am 15. September 2021 rief der Kläger im Personalbüro der Beklagten an und teilte in knappen Worten mit, er sei weiterhin erkrankt. Als der Personalleiter, der nachbenannte Zeuge Schlenzer, den Kläger aufforderte, der Beklagten eine Folgebescheinigung zu übersenden, wurde das Telefongespräch abrupt unterbrochen.

Beweis: Zeugnis des Personalleiters Frank Schlenzer, zu laden über die Beklagte

Am 23. September 2021 kontaktierte Herr Schlenzer den Kläger telefonisch zu Hause. Nachdem der Kläger erklärt hatte, er sei immer noch krank, verlangte Herr Schlenzer in unmissverständlichem Tone, der Kläger solle unverzüglich eine entsprechende ärztliche Bescheinigung einreichen. Komme er dieser Aufforderung nicht nach, müsse er mit der Kündigung des Arbeitsverhältnisses rechnen.

Beweis: Zeugnis des Personalleiters Frank Schlenzer, bereits benannt

Kanzlei: Brunnengasse 150
58094 Hagen
Telefon: 0 23 31–47 49 95
Telefax: 0 23 31–47 49 96

Da der Kläger auch in der Folgezeit keine Arbeitsunfähigkeitsbescheinigung vorlegte, sah sich die Beklagte genötigt, die durch den Kläger als Anlage K 1 vorgelegte fristlose, hilfsweise fristgemäße Kündigung zum 31. Oktober 2021 auszusprechen.

Mit Nichtwissen wird bestritten, dass der Kläger im Zeitraum vom 13. September 2021 bis zum 24. September 2021 arbeitsunfähig erkrankt war.

Zur Information des Gerichtes wird mitgeteilt, dass der Kläger bereits am 4. Februar 2020 und am 27. Oktober 2020 Abmahnungen wegen unentschuldigten Fernbleibens von der Arbeit erhalten hat.

Beweis: Zeugnis des Personalleiters Frank Schlenzer, bereits benannt

Rechtsanwalt

Kerstin Schumann

Rechtsanwältin

An der Hoheleye 83
58300 Wetter
Telefonnummer: 0 64 23–68 75–0
Faxnummer: 0 64 23–68 75–9

An das
Arbeitsgericht Hagen
Gerichtstraße 45

58091 Hagen

Wetter, den 3. November 2021

Rechtsstreit

Finder./.Grönemann Gebäudereinigungs-GmbH

2 Ca 1001/21

Die Beklagte kann weder einen außerordentlichen noch einen ordentlichen Kündigungsgrund für sich in Anspruch nehmen. Die Beklagte war zu jedem Zeitpunkt darüber informiert, dass der Kläger weiterhin arbeitsunfähig erkrankt war, wie sich ihrem Schriftsatz vom 18. Oktober 2021 zwanglos entnehmen lässt.

Im Übrigen muss die aus der Luft gegriffene Unterstellung, der Kläger sei tatsächlich nicht erkrankt gewesen, mit aller Entschiedenheit zurückgewiesen werden. Wie aus dem in der Anlage beigefügten Attest ersichtlich, litt der Kläger durchgängig an einem hartnäckigen grippalen Infekt.

Beweis: Attest des Dr. med. Freier vom 29.10.2021, Anlage K 2

Zwar hat der Kläger es unterlassen, unmittelbar nach Ablauf der ersten Arbeitsunfähigkeitsbescheinigung eine Folgebescheinigung nachzureichen. Darin ist jedoch allenfalls eine lässliche Schludrigkeit zu sehen, zumal der Kläger aufgrund seiner Krankheit das Bett hüten musste. Außerdem war der Beklagten durch die Telefonate mit dem Kläger bekannt, dass dieser krank darnieder lag. Das ständige Verlangen weiterer Folgebescheinigungen empfand der Kläger – mit Recht! – als Schikanehandlung der Beklagten im Allgemeinen und des Personalchefs Herrn Schlenzer im Speziellen.

Es wird im Übrigen entschieden bestritten, dass Herr Schlenzer in den Telefongesprächen mit dem Kläger die Kündigung des Arbeitsverhältnisses für den Fall in Aussicht gestellt hat, dass der Kläger es unterlässt, eine Folgebescheinigung einzureichen.

K. Schumann
Rechtsanwältin

Dr. med. Paul Freier

Internist
Friedensstraße 73, 58091 Hagen

Ärztliches Attest

Hiermit wird bescheinigt, dass Herr Klaus Finder, Lange Straße 32, 58091 Hagen, in der Zeit vom 11. September 2021 bis zum 7. Oktober 2021 arbeitsunfähig krank war.

Diagnose: Grippaler Infekt

Hagen, den 29. Oktober 2021

Dr. med. Freier
Internist

Hiermit entbinde ich, Klaus Finder, Herrn Dr. Freier gegenüber dem Arbeitsgericht, der Grönemann Gebäudereinigungs-GmbH und deren Prozessbevollmächtigten von seiner ärztlichen Schweigepflicht hinsichtlich des Grundes für die Arbeitsunfähigkeit.

Hagen, 29. Oktober 2021

Klaus Finder

Öffentliche Sitzung des Arbeitsgerichts

Geschäfts-Nr.: 2 Ca 1001/21

Hagen, den 29. November 2021

Anwesend:

Vorsitzender: RiArbG Wüste

Ehrenamtliche Richter: Swantje Palm und Volker Frank

**Urkundsbeamter
der Geschäftsstelle:**   RegAng. Wiesener

In dem Rechtsstreit

des Gebäudereinigers Klaus Finder, Lange Straße 32, 58091 Hagen

– Klägers –

Prozessbevollmächtigte: Rechtsanwältin Schumann

gegen

die Grönemann Gebäudereinigungs-GmbH,

vertreten durch den Geschäftsführer Rainer Grönemann,
Am Stirnband 75, 58093 Hagen

– Beklagte –

Prozessbevollmächtigte: Rechtsanwälte Dr. Mikolon pp.

erschienen nach Aufruf der Sache

    1. der Kläger mit Rechtsanwältin Schumann
    2. für die Beklagte der Geschäftsführer Rainer Grönemann und Rechtsanwalt Dr. Mikolon
    3. der Zeuge Frank Schlenzer

Der Zeuge verlässt zunächst den Sitzungssaal.

Der Prozessbevollmächtigte der Beklagten erklärt, die Beklagte wolle aufgrund des nunmehr vorliegenden Attestes die Erkrankung des Klägers im Zeitraum vom 11. September 2021 bis zum 24. September 2021 nicht länger bestreiten. Die Beklagte halte jedoch an ihrer Rechtsauffassung fest, dass die Kündigung rechtmäßig sei.

Die Klägervertreterin beantragt

    festzustellen, dass das Arbeitsverhältnis der Parteien durch die Kündigung der Beklagten vom 27. September 2021 weder fristlos noch fristgemäß zum 31. Oktober 2021 aufgelöst worden ist.

Der Beklagtenvertreter beantragt die Klagabweisung.

Vorgelesen und genehmigt.

Die Sach- und Rechtslage wird erörtert.

Die Klägervertreterin erklärt ergänzend, der Kläger bestreite, dass der Zeuge Schlenzer am 4. Februar 2020 und am 27. Oktober 2020 ihm für den Fall des wiederholten unentschuldigten Fernbleibens mit Konsequenzen für den Bestand des Arbeitsverhältnisses gedroht habe.

Die angesprochenen Fehltage hätten ihren Grund seinerzeit nicht in einer Arbeitsunfähigkeit, sondern in dringenden, nicht aufschiebbaren Behördengängen gehabt. Der Kläger habe damals schlicht vergessen, die Beklagte zu informieren.

Beschlossen und verkündet:

Der Zeuge Frank Schlenzer soll zu den Behauptungen der Beklagten vernommen werden, er habe am 4. Februar 2020, am 27. Oktober 2020 und am 23. September 2021 dem Kläger gegenüber dessen Ausbleiben gerügt und ihm Konsequenzen für den Bestand des Arbeitsverhältnisses angedroht.

Der Zeuge wird in den Sitzungssaal gerufen. Er wird auf seine Wahrheitspflicht hingewiesen.

Zur Person:

Ich heiße Frank Schlenzer, bin 42 Jahre alt, wohne in der Mittelstraße 4 in Hagen, arbeite als Personalleiter bei der Beklagten und bin mit keiner der Parteien verwandt oder verschwägert.

Zur Sache:

Am 3. Februar 2020 und am 26. Oktober 2020 fehlte der Kläger jeweils unentschuldigt bei der Arbeit. Er hat sich erst nachträglich mit dringenden Terminen entschuldigt. Weitere Erklärungen wurden von ihm dazu nicht abgegeben. Ich habe den Kläger dann wegen unentschuldigten Fehlens jeweils am 4. Februar 2020 und am 27. Oktober 2020 abgemahnt.

Auf Nachfrage des Gerichts:

Ich erinnere mich deshalb noch an den geschilderten Sachverhalt, weil ich vor der Gerichtsverhandlung die Personalakte des Klägers noch einmal durchgesehen habe. Ob ich dem Kläger damals eine Kündigung angedroht habe, weiß ich heute nicht mehr. Es ergibt sich nicht aus der Personalakte. Normalerweise mache ich das aber so.

Während der Fehlzeit des Klägers vom 13. September 2021 bis zum 24. September 2021 habe ich zweimal mit ihm telefoniert. Beim ersten Mal rief der Kläger selbst an. Das war nach meinen Unterlagen am 15. September 2021. Der Kläger sagte, dass er weiterhin krank sei. Da die von ihm vorgelegte Arbeitsunfähigkeitsbescheinigung nur bis zum 10. September 2021 reichte, forderte ich ihn auf, eine Folgebescheinigung einzureichen. Das Gespräch wurde dann unterbrochen. Es hörte sich so an, als ob der Kläger einfach den Hörer aufgelegt hätte. Als ich in der Folgezeit erfolglos auf den Eingang einer Folgebescheinigung wartete, rief ich von mir aus den Kläger an. Das muss – so steht es jedenfalls in meinen Aufzeichnungen – am 23. September 2021 gewesen sein. Ich habe dem Kläger noch mal gesagt, dass er unbedingt ein neues Attest vorlegen muss. Der Kläger sagte irgendetwas von »Grippe«, teilte aber keine Einzelheiten mit.

Auf Vorhalt des Gerichts:

Ob ich dem Kläger am 23. September 2021 mit einer Kündigung gedroht habe, kann ich nicht mehr sagen. In meinen Unterlagen findet sich hierzu nichts.

Vorgelesen und genehmigt

Anträge auf Beeidung des Zeugen werden nicht gestellt.

Beschlossen und verkündet:

Der Zeuge bleibt unbeeidet.

Die Parteien verhandeln mit den gestellten Anträgen zum Ergebnis der Beweisaufnahme.

Beschlossen und verkündet:

Eine Entscheidung ergeht am Ende der Sitzung.

Wüste

Wüste

Wiesner

Wiesner

Vermerk für den Bearbeiter:

Es ist die arbeitsgerichtliche Entscheidung zu entwerfen.

Die Klage ist am 7. Oktober 2021 bei Gericht eingegangen. Sie wurde der Beklagten am 13. Oktober 2021 zugestellt.

Eine Güteverhandlung ist am 20. Oktober 2021 erfolglos durchgeführt worden.

Lösungsvorschlag:

Ich berichte über einen Rechtsstreit, der im Jahr 2021 vor dem Arbeitsgericht Hagen anhängig war. Kläger ist Herr Klaus Finder. Beklagte ist die in Hagen ansässige Grönemann Gebäudereinigungs-GmbH.

I.

Die Parteien streiten um die Wirksamkeit einer fristlosen, hilfsweise fristgemäß erklärten Kündigung.

Der Kläger ist seit dem 1. Juli 2017 bei der Beklagten als Gebäudereiniger zu einem Bruttomonatsgehalt in Höhe von 1.500 EUR beschäftigt. Die Beklagte hat mehr als zehn vollbeschäftigte Arbeitnehmer ausschließlich der Auszubildenden. Der Kläger war im Zeitraum vom 30. August 2021 bis zum 7. Oktober 2021 aufgrund eines grippalen Infekts arbeitsunfähig erkrankt. Für die Zeit vom 30. August 2021 bis zum 10. September 2021 ließ er der Beklagten eine Arbeitsunfähigkeitsbescheinigung zukommen. Eine Folgebescheinigung für die Arbeitstage ab dem 13. September 2021 reichte er nicht ein.

Am 15. September 2021 rief der Kläger bei der Beklagten an und teilte dem Personalleiter Schlenzer mit, dass er weiterhin erkrankt sei. Als der Personalleiter ihn daraufhin aufforderte, eine Folgebescheinigung einzureichen, wurde das Telefongespräch unterbrochen. Am 23. September 2021 rief der Personalleiter bei dem Kläger an, der angab, weiterhin arbeitsunfähig krank zu sein, und forderte ihn nochmals auf, die Folgebescheinigung herzureichen.

Nachdem die Bescheinigung bis zum 27. September 2021 nicht eintraf, kündigte die Beklagte das Arbeitsverhältnis mit Schreiben vom gleichen Tage fristlos, hilfsweise fristgemäß zum 31. Oktober 2021. Die Kündigung ging dem Kläger am 27. September 2021 zu.

Der Kläger war durch den Personalleiter zuvor in zwei Gesprächen am 4. Februar 2020 und am 27. Oktober 2020 gerügt worden, weil er an den jeweiligen Vortagen ohne Entschuldigung nicht zur Arbeit erschienen war.

Die Klage, mit welcher der Kläger die Unwirksamkeit der Kündigung geltend macht, ist der Beklagten am 13. Oktober 2021 zugestellt worden.

Der Kläger ist der Ansicht, die Kündigung sei nicht gerechtfertigt. Es liege weder ein wichtiger Grund vor noch sei die hilfsweise erklärte ordentliche Kündigung sozial gerechtfertigt. Es sei höchstens als Nachlässigkeit zu werten, dass er eine Folgebescheinigung nicht beigebracht habe. Das Bestehen auf einer ärztlichen Bescheinigung sei rechtsmissbräuchlich, da die Beklagte infolge der Telefonate durchgängig über seine fortdauernde Erkrankung informiert gewesen sei.

Der Kläger beantragt

festzustellen, dass das Arbeitsverhältnis der Parteien durch die Kündigung der Beklagten vom 27. September 2021 weder fristlos noch fristgemäß zum 31. Oktober 2021 aufgelöst worden ist.

Die Beklagte beantragt,

die Klage abzuweisen.

Die Beklagte vertritt die Auffassung, ihr stehe ein in dem Verhalten des Klägers liegender Kündigungsgrund zur Seite, da der Kläger vom 13. September 2021 bis zum 24. September 2021 unentschuldigt nicht zur Arbeit erschienen sei. Nachdem er die notwendige Folgebescheinigung trotz zweifacher Aufforderung nicht beigebracht habe, habe ihm ihr Personalleiter in dem Telefonat am 23. September 2021 die Kündigung des Arbeitsverhältnisses angedroht, falls er der Beklagten nicht unverzüglich eine ärztliche Bescheinigung zukommen lasse. Zuvor sei der Kläger wegen unentschuldigten Fehlens am 4. Februar 2020 und 27. Oktober 2020 abgemahnt worden.

Im Termin zur Verhandlung vor der Kammer am 29. November 2021 hat die Kammer durch die Vernehmung des Personalleiters der Beklagten, Herrn Schlenzer, Beweis erhoben. Bezüglich des Ergebnisses der Beweisaufnahme wird auf die Sitzungsniederschrift verwiesen.

II.

Ich schlage vor, der Klage stattzugeben.

1. Die Klage ist zulässig. Die Arbeitsgerichte sind gem. § 2 I Nr. 3 b) ArbGG zur Entscheidung des Rechtsstreits berufen. Die örtliche Zuständigkeit des Arbeitsgerichts Hagen folgt aus § 46 II ArbGG iVm § 17 ZPO. Das für den Feststellungsantrag erforderliche Feststellungsinteresse ergibt sich aus der Rechtsfolgenanordnung der §§ 4, 7 KSchG.

2. Die Klage ist begründet, da die Kündigung der Beklagten das Arbeitsverhältnis der Parteien nicht aufgelöst hat.

a) Die außerordentliche Kündigung ist mangels eines wichtigen Grundes iSd § 626 I BGB rechtsunwirksam.

Ein zur außerordentlichen Kündigung berechtigender Grund erfordert Tatsachen, aufgrund deren dem Kündigenden unter Berücksichtigung aller Umstände des Einzelfalles und unter Abwägung der Interessen beider Vertragsteile die Fortsetzung des Arbeitsverhältnisses nicht zugemutet werden kann. Zwar hat der Kläger die ihm nach § 5 I 4 EFZG obliegende Pflicht verletzt, der Beklagten in dem Moment, in dem die Erstbescheinigung endete, eine neue ärztliche Bescheinigung über seine krankheitsbedingte Arbeitsunfähigkeit vorzulegen. Auch wenn dieser Umstand nicht eine entschuldbare Nachlässigkeit des Klägers darstellt, wiegt er nicht schwer genug, um im vorliegenden Falle eine außerordentliche Kündigung zu rechtfertigen. Die Beklagte hatte infolge der Telefonate mit dem Kläger von dessen über den in der Erstbescheinigung ausgewiesenen Zeitraum hinaus bestehende Arbeitsunfähigkeit Kenntnis. Ohne das Hinzutreten erschwerender Umstände konstituiert ein Verstoß gegen die Vorlagepflicht des § 5 I 4 EFZG keinen wichtigen Kündigungsgrund.

b) Die hilfsweise ordentliche Kündigung hat das Arbeitsverhältnis der Parteien nicht beendet, da sie nicht gem. § 1 II KSchG sozial gerechtfertigt ist.

Das Kündigungsschutzgesetz findet auf das Arbeitsverhältnis der Parteien Anwendung, da die in § 1 I KSchG bestimmte Wartezeit vorüber ist und die Beklagte mehr als zehn Arbeitnehmer in Vollzeit beschäftigt, § 23 I KSchG.

Es kann offen bleiben, ob der Verstoß des Klägers gegen die entgeltfortzahlungsrechtliche Vorlagepflicht einen in seinem Verhalten liegenden Grund zur Kündigung bildet. Die Kündigung der Beklagten ist unwirksam, da es an einer einschlägigen Abmahnung fehlt. Der Arbeitgeber ist grundsätzlich gehalten, den Arbeitnehmer vor dem Ausspruch einer Kündigung abzumahnen, indem er ihn auf einen arbeitsvertraglichen Pflichtenverstoß hinweist und ihm für den Wiederholungsfall eine Kündigung des Arbeitsverhältnisses in Aussicht stellt. Das Abmahnungsgebot, das nur bei krassen Pflichtverstößen des Arbeitnehmers – etwa bei Straftaten gegen den Arbeitgeber – oder offensichtlicher Uneinsichtigkeit des Arbeitnehmers nicht eingreift, folgt aus dem kündigungsrechtlichen Verhältnismäßigkeitsgrundsatz. Anhaltspunkte, die darauf schließen lassen, der Kläger hätte sein Fehlverhalten auch nach einer Abmahnung durch die Beklagte fortgesetzt, liegen nicht vor.

Dass die Beklagte den Kläger einschlägig abgemahnt hat, konnte das Gericht ebenso wenig zu seiner Überzeugung feststellen wie die Wahrheit des von dem Kläger behaupteten Gegenteils. Für das Vorliegen einer Abmahnung ist die Beklagte als Arbeitgeberin darlegungs- und beweisbelastet. Der von der Beklagten benannte Zeuge Schlenzer hat bekundet, er könne sich nicht daran erinnern, dem Kläger im Rahmen des Telefonates vom 23. September 2021 eine Kündigung des Arbeitsverhältnisses angedroht zu haben. Im Falle des sog. non liquet hat das Gericht seiner Entscheidung den Vortrag der nicht beweisbelasteten Partei, hier den des Klägers, zugrunde zu legen.

Die am 4. Februar 2020 und 27. Oktober 2020 dem Kläger gegenüber erteilten Rügen erfüllen die der Abmahnung eigene Warnfunktion nicht. Der Zeuge Schlenzer konnte sich nicht daran erinnern, dem Kläger eine Kündigung in Aussicht gestellt zu haben. Sein Hinweis, er warne in Fällen wie dem vorliegenden üblicherweise den Arbeitnehmer vor einer Kündigung, reicht nicht aus, um die richterliche Überzeugung zu begründen, im konkreten Falle habe es eine entsprechende Warnung gegeben.

Aus diesem Grunde kann dahinstehen, ob die Rüge vom 4. Februar 2020 noch Rechtswirkungen für die am 27. September 2021 erklärte Kündigung zeitigt. Verhält sich ein Arbeitnehmer, nachdem ihn der Arbeitgeber abgemahnt hat, beanstandungsfrei, verliert die Abmahnung mit zunehmender Zeit an Bedeutung, wobei die Wirkungsdauer einer Abmahnung nach den Umständen des Einzelfalls zu bestimmen ist.

c) Die Klage ist der Beklagten am 13. Oktober 2021 und damit innerhalb der materiell-rechtlichen Ausschlussfrist des § 13 KSchG iVm § 4 KSchG, die am Tage nach dem Zugang der Kündigung beim Kläger am 27. September 2017 lief, zugestellt worden, § 46 II 1 ArbGG iVm §§ 186, 187 I, 188 II BGB, mit der Folge, dass es dem Kläger nicht verwehrt ist, die Unwirksamkeit der Kündigung geltend zu machen.

III.

Im Ergebnis schlage ich daher folgenden Tenor vor:

Es wird festgestellt, dass das Arbeitsverhältnis der Parteien durch die Kündigung der Beklagten vom 27. September 2021 nicht aufgelöst worden ist.

Hinweise zum Lösungsvorschlag:

Der Aktenvortrag ist als mittelschwer einzuordnen. Die Fallgestaltungen der außerordentlichen und ordentlichen Kündigung dürften aus der Examensvorbereitung bekannt sein. Es verbleibt daher genügend Vorbereitungszeit, um sich mit der Tragweite des von der Beklagten ins Felde geführten Kündigungsgrundes zu beschäftigen.

Sachverhaltsdarstellung

Aus Gründen der Zeitersparnis ist es ratsam, hinsichtlich des Ergebnisses der Beweisaufnahme auf die entsprechenden Seiten des Aktenauszugs zu verweisen. Die Prüfer kennen den Inhalt.

Schwerpunkte in prozessualer Hinsicht

Fehlanzeige: Eine knappe Abarbeitung der Rechtswegzuständigkeit, der örtlichen Zuständigkeit und des Feststellungsinteresses unter Nennung der einschlägigen Vorschriften genügt.

Schwerpunkte in materieller Hinsicht

Ein prüfungstaktischer Fehler wäre es, bei der Prüfung der Kündigungen prozessökonomischen Erwägungen zu folgen und beide Kündigungen gemeinsam zu prüfen. Wer unter Hinweis auf das Fehlen einer einschlägigen Abmahnung offen lässt, ob die Pflichtverletzung des Klägers einen Kündigungsgrund darstellt, beraubt sich der Möglichkeit, seine Fertigkeiten auf dem Gebiet des EFZG unter Beweis zu stellen. Vom zeitlichen Umfang des Aktenvortrages hängt ab, ob und gegebenenfalls mit welcher Liebe zum dogmatischen Detail die Prüfung des Abmahnungserfordernisses erfolgt. Ein kurzer Hinweis auf den Verhältnismäßigkeitsgrundsatz genügt.

Hinweise zur Tenorierung

Es ergaben sich keinerlei Besonderheiten.

Weiterführende Hinweise:

- Zum Abmahnungserfordernis bei der verhaltensbedingten Kündigung siehe *Tschöpe-Rinck*, Anwaltshandbuch Arbeitsrecht, 11. Aufl. 2019, Teil 3 E, Rn. 160 ff.
- Zur Kündigung ohne vorherige Abmahnung s. BAG NJW 2014, 1691 = AP BGB § 626 Nr. 246.
- Zum Problemkreis Arbeitsunfähigkeitsbescheinigung bei Ankündigung einer Erkrankung durch den Arbeitnehmer vgl. BAG NZA 2009, 779 = AP BGB § 626 Krankheit Nr. 15.

10. Fall:

Rechtsantragsstelle des Arbeitsgerichts Berlin

Magdeburger Platz 1
10785 Berlin
Telefon: (030) 9 01 71–0

Berlin, den 26. Juni 2020

Es erscheint

der Lackierer **Wolf Solent,** Friedrichshainer Allee 6, 10345 Berlin,

und erklärt:

Ich erhebe Klage

gegen Herrn **Hans Phaall,** geschäftsansässig in der Schöneberger Straße 17, 10745 Berlin,

und bitte um die Anberaumung eines Gütetermins. Sollte der Gütetermin scheitern, werde ich die folgenden Anträge stellen:

1) Es wird festgestellt, dass das Arbeitsverhältnis der Parteien durch die fristlose Kündigung des Beklagten vom 20. Juni 2020 nicht beendet wird.

2) Für den Fall des Unterliegens mit dem Antrag zu 1) wird der Beklagte verurteilt, an mich Urlaubsabgeltung in Höhe von 840,00 EUR brutto zu zahlen.

Begründung:

Aufgrund des Arbeitsvertrages vom 25. August 2017 arbeite ich seit dem 1. September 2017 in dem Kfz-Betrieb des Beklagten als Lackierer zu einem Stundenlohn in Höhe von 10,00 EUR brutto. Das entspricht einem durchschnittlichen Bruttomonatseinkommen in Höhe von 1.750,00 EUR. Meine Arbeitszeit im Umfang von sieben Stunden täglich leiste ich in einer Sechs-Tage-Woche.

Mit Schreiben vom 20. Juni 2020 kündigte der Beklagte mein Arbeitsverhältnis fristlos. Das Schreiben, das ich meiner Klage als Anlage K 1 beilege, ist mir am selben Tage zugegangen.

Den Sachverhalt, den Herrn Phaall zum Anlass nahm, mein Arbeitsverhältnis zu kündigen, stelle ich nicht in Abrede. Doch halte ich die Reaktion des Beklagten für eindeutig überzogen. Ein Gespräch unter Männern hätte das Problem ausräumen können.

Den Antrag zu 2) begründe ich wie folgt: Soweit mir bekannt ist, stehen jedem Arbeitnehmer im Jahr mindestens 24 Werktage Urlaub zu. Im Jahr 2018 hat der Beklagte mir lediglich an zwölf Werktagen Urlaub gewährt. Falls mein Arbeitsverhältnis durch die besagte Kündigung beendet sein sollte, möchte ich den Rest meines Jahresurlaubs ausgezahlt bekommen. Der von mir begehrte Zahlungsbetrag in Höhe von 840,00 EUR brutto errechnet sich unter Zugrundelegung von zwölf Werktagen à sieben Stunden zu einem Stundensatz in Höhe von 10,00 EUR.

Da der Beklagte meine Ansprüche nicht anerkennt, nehme ich gerichtlichen Rechtsschutz in Anspruch.

Solent

Hans Phaall

Schöneberger Straße 17
10745 Berlin

Berlin, den 20. Juni 2020

Herrn
Wolf Solent
Friedrichshainer Allee 6

10345 Berlin

Kündigung ihres Arbeitsverhältnisses

Sehr geehrter Herr Solent,

hiermit kündige ich ihren Arbeitsvertrag vom 25. August 2017 fristlos. In der Nacht vom 1. zum 2. Juni 2020 haben Sie sich in meine Werkstatt geschlichen, um in Schwarzarbeit zwei Autos für einen Ihrer diversen Bekannten umzuspritzen. Ihre Papiere können Sie sich in den nächsten Tagen im Büro abholen.

Hochachtungsvoll

Gordon
Rechtsanwalt

Belforter Weg 7,
10345 Berlin
& (030) 2 55 33 94

An das
Arbeitsgericht Berlin
Magdeburger Platz

10785 Berlin

Berlin, den 29. Juli 2020

In dem Rechtsstreit

Wolf Solent

gegen

Hans Phaall

bestelle ich mich für den Beklagten. Namens und in anwaltlich versicherter Vollmacht meines Mandanten kündige ich den Antrag an,

> **die Klage abzuweisen.**

Begründung:

Der Feststellungsantrag des Klägers kann keinen Erfolg haben. Die durch den Beklagten ausgesprochene Kündigung vom 20. Juni 2020 hat das Arbeitsverhältnis fristlos beendet.

Der Beklagte führt seit zwanzig Jahren in Berlin einen Kfz-Reparaturbetrieb, der bei seinen Kunden eine untadelige Reputation genießt. Als der Beklagte am Morgen des 2. Juni 2020 die Werkstatt aufschloss, musste er feststellen, dass sich in der Farbwanne, die zum Farbmischen verwendet wird, frischer Autolack befand. Da der Lack seiner Konsistenz nach unmöglich am Vortage angerührt worden sein konnte, keimte in dem Beklagten der Verdacht, dass jemand die Werkstatt in der Nacht benutzt haben musste.

Beweis: Vernehmung des Beklagten als Partei

Um den Vorfall aufzuklären, rief der Beklagte noch im Laufe des 2. Juni 2020 die Beschäftigten seines Betriebes, zehn Arbeitnehmer und zwei Lehrlinge, zusammen und gab eine kurze Schilderung seiner Beobachtungen. Nach anfänglichem Zögern gab der Kläger unumwunden zu, sein Bekannter Hans Castorp habe ihn am Nachmittag des 1. Juni 2020 gebeten, ihm »einen Freundschaftsdienst« zu leisten und in einer Nacht- und Nebelaktion zwei Fahrzeuge umzuspritzen. Zusammen mit Herrn Castorp habe er binnen dreieinhalb Stunden die gewünschten Arbeiten durchgeführt.

Beweis: Zeugnis des Mitarbeiters des Beklagten, Herrn Johann Bessers, zu laden über den Beklagten

Der Beklagte vermutet, dass es sich bei den Fahrzeugen um Diebesgut handelt, das ins Ausland verschoben werden sollte. Unabhängig davon, ob diese Vermutung zutrifft, ist das Verhalten des Klägers als Schwarzarbeit zu werten. Die von dem Kläger beim Umspritzen der beiden Fahrzeuge verwendeten Arbeitsmaterialien standen im Eigentum des Beklagten. Im Hinblick hierauf behält sich der Beklagte vor, den Kläger auf Schadensersatz in Anspruch zu nehmen.

Nach dem Geständnis des Klägers stand für den Beklagten fest, dass eine gedeihliche Zusammenarbeit mit dem Kläger in Zukunft nicht möglich sein würde. Da der Kläger der einzige gelernte Lackierer im Betrieb des Beklagten ist, bemühte sich der Beklagte in der Folgezeit intensiv um die Einstellung eines neuen Lackierers mit Facharbeiterbrief. Auf eine entsprechende Anfrage stellte das örtliche Arbeitsamt dem Beklagten unter dem 19. Juni 2020 die Vermittlung einer entsprechenden Kraft zum 1. Juli 2020 in Aussicht. Nach Erhalt dieser Auskunft fertigte der Beklagte das dem Gericht bereits vorliegende Kündigungsschreiben, das der Mitarbeiter des Beklagten, Johann Besser, noch am 20. Juni 2020, also ohne schuldhaftes Zögern in den Hausbriefkasten des Klägers warf.

Beweis: Zeugnis des Mitarbeiters des Beklagten, Herrn Johann Besser

Ein Festhalten an dem Arbeitsverhältnis mit dem Kläger ist dem Beklagten nicht zuzumuten. Sollte gegenüber den Kunden des Beklagten bekannt werden, dass der Beklagte in seinem Betrieb Schwarzarbeit duldet, wäre mit einem erheblichen Auftragsrückgang zu rechnen. Zudem oblag dem Beklagten die Pflicht, den in dem Betrieb beschäftigten Lehrlingen durch die Kündigung des klägerischen Arbeitsverhältnisses vor Augen zu führen, dass Schwarzarbeit gesetzeswidrig und sozialschädlich ist.

Der Zahlungsantrag des Klägers ist ebenfalls unbegründet.

Ein Anspruch auf Urlaubsabgeltung steht dem Kläger nicht zu. Der Kläger stellt nicht in Abrede, dass der Beklagte sämtliche Urlaubsansprüche des laufenden Jahres erfüllt hat. Der »Alturlaub« aus dem Jahr 2018 ist seit geraumer Zeit verfallen. Ich verweise insoweit auf die gesetzliche Befristungsregelung des § 7 III BUrlG.

Um antragsgemäße Entscheidung wird gebeten.

Ich stelle zu.

Gordon

Gordon
Rechtsanwalt

Öffentliche Sitzung des Arbeitsgerichts Berlin

Geschäftsnummer: **6 Ca 1436/20**

Anwesend:

Vorsitzender: Dr. D'Urberville

Ehrenamtliche Richter: Herr Faber und Herr Wild

**Urkundsbeamter
der Geschäftsstelle:**   Frau Blum

In dem Rechtsstreit

des Lackierers **Wolf Solent,**

Friedrichshainer Allee 6, 10345 Berlin,

                                                            – Kläger –

gegen

Hans Phaall,

geschäftsansässig in der Schöneberger Straße 17, 10745 Berlin,

                                                            – Beklagter –

erschienen nach Aufruf der Sache der Kläger sowie der Beklagte in Begleitung von Rechtsanwalt Gordon.

Der Kläger stellte die Anträge aus der Klageschrift vom 26. Juni 2020.

Der Beklagtenvertreter beantragte,

die Klage abzuweisen.

Mit diesen Anträgen verhandelten die Parteien streitig zur Sache.

Der Kläger erklärt, er empfinde es als rechtlich heikel, dass der Beklagte ihm gegenüber einen Verfall des aus dem Jahr 2018 stammenden Urlaubs einwende. Der Beklagte habe ihn zu keinem Zeitpunkt auf die gesetzlichen Befristungsregelungen hingewiesen.

Der Beklagtenvertreter erklärte, es sei Sache des Klägers, nicht aber Sache des Beklagten gewesen darauf zu achten, dass der Urlaub, dessen Abgeltung der Kläger im vorliegenden Verfahren begehre, binnen der gesetzlich bestimmten Fristen genommen werde. Für die Versäumnisse des Klägers trage der Beklagte keine Verantwortung.

Die gütliche Beilegung des Rechtsstreits im Vergleichswege wurde mit den Parteien erörtert, ohne zu einem Ergebnis zu führen.

Beschlossen und verkündet:

Eine Entscheidung soll am Schluss der Sitzung ergehen.

Vermerk für den Bearbeiter:

Eine Entscheidung ist zu entwerfen.

Die Klageschrift wurde dem Beklagten am 30. Juni 2020 zugestellt. Die Güteverhandlung vor dem Vorsitzenden am 10. Juli 2020 blieb erfolglos.

Tarifvertragliche Vorschriften sind nicht zu prüfen.

Lösungsvorschlag:

Ich berichte über einen Rechtsstreit, der im Jahre 2020 vor dem Arbeitsgericht Berlin anhängig war.

Kläger ist Herr Wolf Solent, Beklagter Herr Hans Phaall, beide wohnhaft in Berlin.

Die Parteien streiten um die Wirksamkeit einer fristlosen Kündigung und um die Abgeltung von Urlaubsansprüchen.

Der Kläger arbeitete seit dem Jahre 2017 in dem Kfz-Betrieb des Beklagten, in dem der Beklagte zehn Arbeitnehmer und zwei Lehrlinge beschäftigt, als Lackierer in einer Sechs-Tage-Woche mit einer täglichen Arbeitszeit von 7 Stunden zu einem Stundenlohn in Höhe von 10 EUR brutto.

Ohne das Wissen des Beklagten benutzte der Kläger in der Nacht vom 1. auf den 2. Juni 2020 die Werkstatt und das Werkzeug des Beklagten, um für einen Bekannten zwei Kfz umzuspritzen. Der Beklagte erfuhr hiervon im Rahmen einer betrieblichen Aussprache am Folgetag.

Mit Schreiben vom 20. Juni 2020, das dem Kläger selben Tags zuging, kündigte der Beklagte das Arbeitsverhältnis fristlos.

Im Jahr 2018 gewährte der Beklagte dem Kläger Urlaub im Umfang von zwölf Werktagen.

Der Kläger ist der Ansicht, die Kündigung sei unter dem Gesichtspunkt der Verhältnismäßigkeit nicht gerechtfertigt. Der Urlaub sei nicht verfallen, da der Beklagte ihn nicht auf die gesetzlichen Befristungsregelungen hingewiesen habe.

Der Kläger beantragt,

1) festzustellen, dass das Arbeitsverhältnis der Parteien durch die fristlose Kündigung des Beklagten vom 20. Juni 2020 nicht beendet wird, und

2) für den Fall des Unterliegens mit dem Antrag zu 1) den Beklagten zu verurteilen, an ihn Urlaubsabgeltung in Höhe von 840 EUR brutto zu zahlen.

Der Beklagte beantragt,

die Klage abzuweisen.

Der Beklagte ist der Ansicht, er sei zur fristlosen Kündigung des Arbeitsverhältnisses berechtigt. Da ihn keine Rechtspflicht treffe, die urlaubsrechtlichen Angelegenheiten des Klägers zu besorgen, sei der aus dem Jahr 2018 stammende Urlaub untergegangen mit der Folge, dass der Zahlungsanspruch des Klägers ins Leere gehe.

I.

Ich schlage vor, der Klage zum Teil stattzugeben und sie im Übrigen abzuweisen.

1. Die Klage ist – auch hinsichtlich des Kündigungsschutzantrags – zulässig.

Der von dem Kläger beschrittene Rechtsweg vor die Gerichte für Arbeitssachen ist eröffnet. Streitigkeiten zwischen Arbeitnehmern und Arbeitgebern über das Bestehen eines Arbeitsverhältnisses fallen gem. § 2 I Nr. 3b ArbGG in die ausschließliche Entscheidungszuständigkeit der Arbeitsgerichte. Der Berliner Betrieb des Beklagten, auf den die Klage Bezug hat, gehört zum örtlichen Zuständigkeitsbereich des Arbeitsgerichts Berlin, § 46 II 1 ArbGG iVm § 21 I ZPO. Das nach § 46 II 1 ArbGG iVm §§ 495, 256 I ZPO erforderliche Feststellungsinteresse des Klägers folgt aus der Rechtsfolgenanordnung der §§ 4 und 7 KSchG, die unabhängig von der Größe des Betriebes auf das Arbeitsverhältnis der Parteien Anwendung finden, § 13 I 2 KSchG.

2. Der Feststellungsantrag zu 1) ist insoweit begründet, als die Kündigung des Beklagten vom 20. Juni 2020 das Arbeitsverhältnis der Parteien nicht mit sofortiger Wirkung, sondern erst mit dem Ablauf des 31. Juli 2020 beendet hat.

Unabhängig von der Frage, ob der Kläger durch das Umspritzen der Fahrzeuge in der Nacht vom 1. auf den 2. Juni 2020 einen wichtigen Kündigungsgrund iSd § 626 I BGB gesetzt hat, scheitert eine fristlose Kündigung an der vierzehntägigen Ausschlussfrist des § 626 II BGB. Hiernach kann eine fristlose Kündigung nur innerhalb von zwei Wochen ab dem Zeitpunkt erfolgen, in dem der Kündigungsberechtigte von den für die Kündigung maßgebenden Tatsachen Kenntnis erlangt. Nach dem Geständnis des Klägers im Rahmen der betrieblichen Aussprache am 2. Juni 2020 war dem Beklagten der Kündigungssachverhalt bekannt. Gemäß §§ 186, 187 I, 188 II BGB hätte der Beklagte das Arbeitsverhältnis spätestens am 16. Juni 2020 kündigen müssen. Die Kündigung ist dem Kläger erst am 20. Juni 2020, mithin vier Tage nach Ablauf der Ausschlussfrist, zugegangen. Der Umstand, dass der Beklagte aus betrieblichen Erwägungen die Einstellung einer Ersatzkraft abwartete, liegt in der Risikosphäre des Beklagten und hat auf den Fristlauf keinen Einfluss.

3. Der Kündigungsschutzantrag ist insoweit unbegründet, als die Erklärung des Beklagten vom 20. Juni 2020 als ordentliche Kündigung zum 31. Juli 2020 rechtswirksam ist.

In der Erklärung des Beklagten vom 20. Juni 2020, er kündige das Arbeitsverhältnis mit dem Kläger fristlos, liegt zugleich die Erklärung einer ordentlichen Kündigung, § 140 BGB. Greift ein Arbeitgeber zu dem Mittel der außerordentlichen Kündigung, ist im Zweifel davon auszugehen, dass bei einer unberechtigten fristlosen Kündigung eine Kündigung zum nächst zulässigen Termin gewollt ist.

Eines die Kündigung rechtfertigenden Grundes bedarf es nicht. Für die ordentliche Kündigung von Arbeitsverhältnissen, die nicht den Vorschriften des Kündigungsschutzgesetzes unterfallen, gilt der Grundsatz der Kündigungsfreiheit. Das Kündigungsschutzgesetz findet auf das Arbeitsverhältnis der Parteien keine Anwendung, da der Beklagte einen Kleinbetrieb führt, dessen Beschäftigtenzahl den Schwellenwert des § 23 I 2 KSchG nicht überschreitet. Der Beklagte beschäftigt zehn Arbeitnehmer; die zwei Lehrlinge bleiben für die Berechnung der Betriebsgröße außer Betracht. Die Ausschlussfrist des § 626 II BGB ist für die ordentliche Kündigung ohne Bedeutung. Unter Zugrundelegung einer mehr als zwei Jahre währenden Betriebszugehörigkeit beträgt die Kündigungsfrist ein Monat zum Monatsende, § 622 II 1 Nr. 1 BGB, und endet mit Ablauf des 31. Juli 2020, §§ 186, 187 I, 188 II BGB.

II.

Der zulässige Zahlungsantrag zu 2) ist begründet.

1. Der von dem Kläger verfolgte Antrag auf Urlaubsabgeltung, der als Anspruch aus dem Arbeitsverhältnis gem. § 2 I Nr. 3a ArbGG vor den Gerichten für Arbeitssachen geltend zu machen ist, ist seiner prozessualen Natur nach ein echter Hilfsantrag, über den das Gericht nach der teilweisen Abweisung des Feststellungsantrages zu entscheiden hat. Der Kläger kann den Zahlungsantrag neben dem Feststellungsantrag im Wege der eventualen Klagehäufung gem. § 46 II 1 ArbGG iVm §§ 495, 260 ZPO zur Entscheidung des Gerichts stellen.

2. Der Zahlungsantrag ist sowohl dem Grunde als auch der Höhe nach begründet. Dem Kläger steht gegen den Beklagten ein Urlaubsabgeltungsanspruch in Höhe von 840 EUR brutto aus § 7 IV BUrlG zu.

a) Nach § 7 IV BUrlG hat der Arbeitgeber den Urlaub des Arbeitnehmers abzugelten, wenn der Urlaub wegen der Beendigung des Arbeitsverhältnisses nicht mehr gewährt wird. Im Beendigungszeitpunkt hatte der Kläger einen Resturlaubsanspruch im Umfang von zwölf Werktagen aus dem Jahr 2018, den er infolge der fristlosen Kündigung nicht in natura nehmen konnte. Der ursprüngliche Urlaubsanspruch im Umfang von 24 Werktagen entstand zu Beginn des Jahres 2018, § 3 I BUrlG, und ist in der Folgezeit nicht untergegangen. Zwar befristen die gesetzlichen Regelungen in § 7 III BUrlG den Urlaubsanspruch auf das Kalenderjahr und gestatten eine Übertragung in das Folgejahr nur unter den dort genannten Voraussetzungen. Der Beklagte hat die Befristungsvorschriften jedoch im Streitfall nicht aktiviert, da er die ihm im Zusammenhang mit der Festlegung von Urlaub obliegende Mitwirkungshandlung nicht vorgenommen hat. Er hat dem Kläger weder mitgeteilt, wie viel Urlaub ihm im Jahr 2018 zusteht, noch, zu welchem Zeitpunkt der Urlaub in welchem Umfang verfallen wird. Zudem fehlt es an der an den Kläger gerichteten Aufforderung, den Urlaub vor dem Eintritt des Verfalls tatsächlich in Anspruch zu nehmen.

b) Der von dem Kläger geltend gemachte Betrag in Höhe von 840 EUR entspricht dem Vergütungsanspruch für zwölf Werktage.

III.

Ich schlage daher folgenden Tenor vor:

1) Es wird festgestellt, dass das Arbeitsverhältnis der Parteien durch die Kündigung des Beklagten vom 20. Juni 2020 nicht fristlos, sondern erst zum 31. Juli 2020 beendet wird.

2) Der Beklagte wird verurteilt, an den Kläger Urlaubsabgeltung in Höhe von 840 EUR brutto zu zahlen.

3) Im Übrigen wird die Klage abgewiesen.

Hinweise zum Lösungsvorschlag:

Der Aktenvortrag ist anspruchsvoll. Für die Lösung des Falles reicht die Lektüre des Gesetzestextes nicht aus. Kenntnisse der Rechtsprechung sind unabdingbar.

Schwerpunkte in prozessualer Hinsicht

Am Anfang steht eine – nach dem zulässigen Rechtsweg – zu erörternde prozessuale Arabeske, die zu übersehen niemand Schande bereitet. Die örtliche Zuständigkeit des Arbeitsgerichts Berlin kann nicht auf die Vorschriften über den Beklagtenwohnsitz, § 46 II 1 ArbGG iVm § 13 ZPO gestützt werden, da die Wohnanschrift des Beklagten nicht bekannt ist. Richtigerweise ist auf den Betriebssitz abzustellen, der gem. § 46 II 1 ArbGG iVm § 21 I ZPO zuständigkeitsbegründend wirkt. Die Begründung des für Feststellungsklagen erforderlichen Feststellungsinteresses erfolgt unter knappem Hinweis auf die gesetzlichen Ausschlussfristen der §§ 4 und 7 KSchG.

Der Zahlungsantrag ist in prozessualer Hinsicht nicht weiter problematisch. Pluspunkte lassen sich sammeln, indem das klägerische Begehren mit dem Etikett »eventuelle Klagehäufung« versehen wird.

Schwerpunkte in materieller Hinsicht

Im ersten Teil der materiellen Prüfung zeugt es von einem souveränen Umgang mit den gesetzlichen Vorschriften, wenn die arbeitsvertragliche Pflichtverletzung des Klägers unter Hinweis auf die Ausschlussfrist des § 626 II BGB nicht am Maßstab des § 626 I BGB gemessen wird. Da die fristlose Kündigung aus formalen Gesichtspunkten nicht durchgreift, gilt es, der Versuchung, das gelernte Wissen zum Problembereich »Schwarzarbeit« abzuspulen, zu widerstehen. Um den Beklagtenvortrag, er habe zunächst nach einer Ersatzkraft Ausschau halten müssen, zu verwerten, genügt ein kurzer Satz, der den Vortrag als unerheblich charakterisiert.

Die Prüfung nach den Erörterungen über die Wirksamkeit der fristlosen Kündigung abzubrechen, hieße, in das offene Messer der Prüfungskommission laufen. Den Brückenschlag zum zweiten Prüfungsabschnitt liefert die wichtige Erkenntnis, dass im Regelfalle eine unberechtigte fristlose Kündigung in eine ordentliche Kündigung zum nächst zulässigen Termin umzudeuten ist. Das Problem der ordentlichen Kündigung, zu dem sich die Parteien nicht einlassen, ergibt sich allein aus der Rechtsprüfung. Ist man bis zu diesem Punkt gelangt, sollte die Feststellung, dass das Kündigungsschutzgesetz keine Anwendung findet, nicht schwerfallen. Die Begründung liegt in der wohlbekannten Sentenz, der zufolge Lehrlinge zwar eigenen Kündigungsschutz genießen, nicht jedoch Kündigungsschutz für andere begründen.

Bei der Berechnung der Kündigungsfrist empfehlen wir, die genaue Katalogziffer des § 622 II 1 BGB anzugeben.

Im zweiten Teil der Prüfung liegt der Schwerpunkt auf der Frage, ob der Urlaubsanspruch des Klägers der Befristung unterliegt. Eine Entscheidung des EuGH aus dem Jahr 2018 (vgl. EuGH 6.11.2018 – C-684/16 – »Max-Planck-Gesellschaft zur Förderung der Wissenschaften«, AP Nr. 26 zu Richtlinie 2003/88/EG) nahm das BAG zum Anlass, die Befristung von Urlaubsansprüchen einer grundlegenden Revision zu unterziehen. Das Ergebnis zusammengefasst: Urlaubsansprüche sind nur dann an das Kalenderjahr gebunden, wenn der Arbeitgeber »zuvor konkret und in völliger Transparenz dafür Sorge getragen hat, dass der Arbeitnehmer tatsächlich in der Lage war, seinen bezahlten Jahresurlaub zu nehmen, indem er ihn – erforderlichenfalls förmlich – auffordert, dies zu tun, und ihm klar und rechtzeitig mitteilt, dass der Urlaub, wenn er ihn nicht nimmt, am Ende des Bezugszeitraums oder eines zulässigen Übertragungszeitraums verfallen wird« (vgl. BAG 19.2.2019 – 9 AZR 321/16 – AP Nr. 85 zu § 7 BUrlG). Dogmatisch docken diese Obliegenheiten, für deren Erfüllung der Arbeitgeber übrigens die Darlegungs- und Beweislast trägt, an dem Tatbestandsmerkmal »Festlegung des Urlaubs« in § 7 I BUrlG an. Da der Beklagte im Streitfall diesen Obliegenheiten nicht genügt hat, bestand der Urlaub des Klägers über das Jahr 2018 hinaus fort (und das, ohne dass es auf etwaige Übertragungsgründe iSd § 7 III 2 BUrlG ankäme!).

Hinweise zur Tenorierung

Bei der Formulierung des Entscheidungsvorschlages ist der Feststellungstenor auf die Zeit bis zum Ablauf der ordentlichen Kündigungsfrist zu begrenzen. Da der Kläger einen zeitlich unbeschränkten Feststellungsantrag gestellt hat, der lediglich hinsichtlich der fristlosen Beendigung seines Arbeitsverhältnisses begründet ist, muss die Klage im Übrigen abgewiesen werden.

Weiterführende Hinweise:

* Den Begriff der gerichtsstandbegründenden Niederlassung erörtert Musielak/Voit/*Heinrich*, ZPO, 14. Aufl. 2017, ZPO § 21 Rn. 2 ff.

* Zum Eventualverhältnis zwischen Feststellungs- und Leistungsantrag, ohne dass der Kläger das Verhältnis beider Klageanträge zueinander ausdrücklich benennt, vgl. BAG NZA 2017, 451 = AP GewO § 106 Nr. 33.

* Die Umdeutung einer fristlosen in eine ordentliche Kündigung erörtert das Bundesarbeitsgericht in einer instruktiven Entscheidung aus dem Jahre 2012, vgl. BAG NZA 2013, 224 = AP KSchG 1969 § 15 Nr. 73.